철학의 시작

철학의 시작

나와 세상을 위한
용기 있는 질문들

김종옥(우주시민 철학학교 교사) 지음

생각
학교

차례

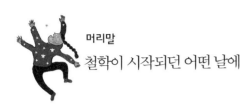

머리말
철학이 시작되던 어떤 날에

제가 타조처럼 달리는 꿈 다음으로 자주 꾸는 것은, 교실에 앉아 있는 꿈입니다. 아마도 저는 그 시절을 몹시 아쉬워하는 게 틀림없습니다. 어쩌면 그때의 친구들과 수다를 충분히 떨지 못했기 때문일 겁니다. 공부를 미친 듯이(아니면, 진짜로 미쳐서) 하느라고 그런 것은 물론 아닙니다. 사실은 진짜로 떨고 싶은 수다가 있었는데, 너무 쑥스러워서 망설이다 보니 영영 못 하고 말았죠.

고백하자면 그때 저는 주로 일관되게 건방진 가운데 가끔 절망했고, 문득 부끄러웠으며, 때때로 이상한 것에 열병을 앓았습니다. '나는 누구인가, 나와 우주는 어떻게 생겨났는가?' 내가 누군지, 내가 지금 왜 여기에 있는지, 내가 살고 있다는 게 무슨 뜻인지 하는 질문이 시도 때도 없이 휘몰아쳐 올 때마다 자주 문을 닫아걸었습니다. 이 까마득한 우주에서 가장 거대한 수수께끼가 시작되는 순간이었지요. (그때 위로가 되어 준 별들에게 감사를!)

누구나 이런 시기를 지납니다. 다만 그때는 어쩐지 홀로 앓고 있는 병 같아서 누구와도 얘기를 실컷 나누지 못했습니다. 세월이 흘러서 누구와도 쉽게 말을 틀 수 있을 만큼 반죽이 좋아지고 보니, 그런 시기를 지나고 있는 친구들에게 먼저 말을 건네고 긴 얘기를 나누고 싶어졌습니다. 이 책은, 짐작했겠지만, 그때 못다 한 수다와 관련이 깊습니다. 우리는 이 책 속에서 그 쑥스러웠던 주제에 관해, 실컷, 신 나게 수다를 떨어 보려고 합니다.

　이 수다를 기록하면서 참 신기한 것을 보았습니다. 제가 '우주'와 '나'를 이해하려고 생각을 쭉 밀어오는 과정은, 우리 인류가 철학을 시작한 이래로 논의를 거듭해온 과정을 반복하는 것이었죠. (생각의 흐름에서도 '개체발생은 계통발생을 반복한다'는 법칙이 적용된다는 건 재미있는 일입니다.) 그래서 책의 제목을 '철학의 시작'이라고 지었습니다. 인류의 철학과 '나'의 철학이 모두 우주를 바라보면서 시작되었고, 진리를 찾으면서 진지해졌고, '나'의 생각을 의심하면서 치열해졌고, 우리 세상을 보면서 뜨거워졌습니다. 수천, 혹은 수백만 년의 생각이 십 대의 초반에 한꺼번에 몰아닥쳐 와서 문을 두드리면, 우리는 불안한 열정에 휩싸입니다. 이 책은, 말하자면 그 시작을 응원하는 글입니다.

그런데 이 책은 좀 더 근사한 이름도 갖고 있습니다. 우주시민 철학학교의 교재라는 것이지요. 그런 학교가 어디 있느냐고요? 우리가 우리의 우주, 그리고 그 속의 나를 생각하는 순간부터 우리는 이미 우주시민입니다. 거창하게 말하자면, 우리는 지구인이라는 이름으로 우주에 참여하고 있는 것이지요. 이 책은, 그러니까 우주시민 철학학교의 지구인반을 위한 첫걸음 교재인 셈이기도 합니다. 이 격한 수다를 통해 우리의 소속인 우주에 아주 성실한 시민이 되어보는 건 어떨까요. 진심을 다해 살아가고, 진심을 다해 이웃을 섬기며, 진심을 다해 우리의 세상에 복무하는 시민 말입니다.

자, 그러니 이제 머릿속에서 맴돌던 숱한 말들을 풀어내어 철학이 시작되던 날에 대한 수다를 시작합시다. 이제부터 우리 우주는 좀 소란스러워지겠습니다, 하하!

2014년 가을,
우주시민 철학학교 수다쟁이 교사,
김종옥

· 1부 ·

철학이 시작되던 날

1

우주시민
철학학교에 가다

위대한 수다의 시작

모두들 안녕? 이렇게 잔뜩 우중충한 날씨에 만나려니 너무 반가워서 어쩔 줄을 모르겠어. 지금부터 우리는 철학에 관한 길고도 격렬한 수다를 나눌 거야. 철학하기에는 아주 맞춤한 날씨지 뭐야. 그래, 철학이라고! 어라, 그런데 이 소리는 뭐지? 격한 환영의 함성이 아니라, 그윽한 한숨 소리 같은데? 어허, 뭘 한숨씩이나 쉬고 그래? 철학이라는 말에 지레 겁을 먹은 거야, 아니면 내 명성에 주눅이 든 거야? 됐어, 거기까지! 자, 끈끈이주걱처럼 오그라든 손가락 발가락 어서 펴고 '위대한 수다'를 시작해보자고.

내가 누군지는 다들 이미 알겠지만, 내 소개를 해야겠지? 나는 예의 바르고 겸손한 인간이니까. 나로 말하자면, 뭐랄까, 능란한 혀로 생각을 희롱하고 날카로운 눈빛으로 의식을 쪼아대는, '우주시민 철학학교의 전설'이라고나 할까? 아, 무지하게 민망한 소개에 창가에 앉은 우리 조카, 지용이 얼굴이 다 벌게졌네. 참 순수한 영혼 같으니라고.

나에 대해 더 자세한 걸 알려고 하지는 말길 바라. 빨래를 뒤집어서 넌다든가 계핏가루를 듬뿍 넣은 커피를 좋아한다든가 하는, 이런 시시한 신변잡사를 좀 알아냈다고 해서 특별히 친한 사이처럼 보이는 것도 아니니까 말이야. 그게 아니라면 뭐, 혹시 내 사소한 약점을 잡아서 날 제어해보려는 꼼수? 깜찍한 생각이지만, 알고나 있나? 여러분의 선배들도 그걸 시도했으나 허무하게 끝났다는 거. 그래서 아직까지 내 성별조차 밝혀낸 친구가 없다는 거. 그래, 심지어 지용이도 모른다잖아. 남자라기엔 너무 예쁘고, 여자라기엔 너무 잘생겼으니, 알 재간이 있나!

흠흠, 갈 길이 머니까 너스레는 그만 떨게. 앞으로도 지금처럼 내 얘기는 자꾸만 옆길로 샐 거고, 그러다가 길을 잃고 헤매기도 할 거고, 갑자기 되돌아오기도 할 거야. 멍하니 따라다니기도 벅찰 테니 서둘러야겠지? 더구나 여러분의 한가했던 뇌가 생각이란 걸 마구 하기 시작할 테니 앞으로 얼마나 바쁘겠어? 그러니까 내 소개는 이쯤에서 끝내고, 지금부터 우리가 같이 할 일을 말해줄게.

우주시민증

아까도 잠깐 말했지만, 여러분이 있는 이곳은 우주시민 철학학교야. 우주시민이라니, 참 근사하지 않아? 그렇지만 애석하게도 이 말은 내가 시작한 게 아니야. 영국의 철학자이자 수학자인 버트런드 러셀(Bertrand Russell, 1872~1970)은 《철학의 문제들》에서 이렇게 말했지.

> "철학적 성찰은, 우리를 단지 이 세상의 다른 사람들과 전쟁 관계에 있는 도시의 성역 속 시민이 아니라, 우주의 시민이 되도록 한다."

그리고 실은 이보다 훨씬 전에 서양철학의 먼 조상 가운데 한 명인 디오게네스(Diogenes, ?B.C. 412~?B.C. 323)가 자신을 '우주의 시민'이라고 말했대. 그 이후에도 생각의 자유를 옭아매는 틀에서 벗어나 있다고 자부하는 많은 사람들이 자신은 우주의 시민이라면서 폼을 잡았어. 눈치 챘겠지만 나 역시 그런 '우주시민증'을 갖고 있지. 우리 철학학교를 마칠 때쯤이면 여러분 모두에게도 빛나는 우주시민증이 도착할 거야.

말이 나와서 하는 말이지만, 러셀은 참 재밌는 인물이야. 글쎄, 네 살 때 자살을 생각했다잖아. 이유가 뭐였는지 알아? 인생이 너무 따분하고 지루했기 때문이래. 참 조숙하기도 하지. 그렇다면 러셀은 몇 살까지 살았냐고? 아흔여덟까지 잘 사셨어. 그래그래, 와, 함성과 휘파람~. 반응이 뜨겁구먼. 뭐, 그 점도 내가 러셀을 좋아하는 이유야. 이분 말고 또 내가 존경해 마지않는 분이 계신데, 그분은 무려 백 살까지 사셨어. 백 살까지 살고는 "이제 그만 살아야겠다." 하시고 스스로 돌아가셨지. 이 얘긴 나중에 다시 해줄게.

여러분의 흔들리는 눈빛을 보니까 러셀의 조숙함에 은근히 놀란 모양인데, 찾아보면 철학적으로 조숙했던 인물들이 꽤 많아. 우선, 대여섯 살 때 우주의 바깥을 궁금해했다는 중국 송나라 때 철학자 주희(朱熹, 1130~1200)가 있지. 주희의 경쟁자 육상산(陸象山, 1139~1192)은 또 어떻고! 서너 살에 우주의 끝을 생각하다가 밥도 못 먹었다잖아.* 그렇지만 누가 뭐래도 조숙함의 최고봉은 태어나자마자 "이 세상에서 오직 내가 홀로 귀하다"고 말씀하셨다는 석가모니(釋迦牟尼, B.C. 624~B.C. 544)가 아니겠어?

이런, 얘기가 옆길로 잠깐 들어갔지? 아무튼 우리 철학학교는 우주시민 자격 취득 과정이다, 이 말이야. 도대체 우주시민이 뭐냐, 그런 도시도 있느냐, 전주, 경주 옆에 우주냐, 이렇게 묻고 싶겠지? 결론을 말하자면, 분명히 있긴 있어. 물론 주민세를 내는 곳은 아니야. 보통은 어디서 살든지 간에 사는 곳에다 주민세를 내잖아? 그곳 '소속'이라는 거지.

---

* 주희는 유학의 전통에다가 불교와 도교 사상을 더해 유학을 철학적으로 집대성한 뛰어난 철학자야. 그래서 존칭인 '자子'를 붙여서 '주자'라고 부르고, 주자가 집대성한 유학을 '성리학'이라고도 해. 육상산 역시 유학자이며, 그의 철학은 후에 '양명학'에 큰 영향을 미치지.

하지만 우주시민이 되면 주민세를 내지 않아도 돼. 이게 무슨 금잔디 깎아서 빙수 위에 얹어 먹는 소리냐, 하겠지? 자, 친절한 내 설명을 들어보면 이해가 갈 거야.

철학이란 놈을 시작하게 되면, 내 생각은 내 방을 훌쩍 넘어서 훨씬 넓은 세계 속으로 마구 달려가. 은하철도 999*를 탄 철이가 우주공간을 달리며 봤듯이, 내가 속해 있던 여러 크기의 울타리가 차례로 허물어져 가는 걸 보게 되지. 모든 울타리가 사라졌을 때 나는 내가 궁극의 도시, 우주라는 도시의 시민이 된 것을 비로소 알게 돼. 나를 둘러싼 모든 틀에서 벗어나는 거야. 더 이상 '어디어디에 속해 있는 나'가 아니라는 말이야. 그때가 되면, "나의 소속은 이 도시도, 국가도, 인종도 아니야. 유일한 내 소속은 바로 '우주'이며, 그건 곧 '나'야." 요런 이상한 소리를 하게 되거든. 그래, 물론, 가까운 사람들로부터 눈 흘김, 비웃음, 동정의 눈물, 이런 걸 유발할지도 몰라. 하지만 어쩌겠어? 이상해 보이기 싫다고 해서 이미 우주시민이 된 걸 숨길 수 있겠어?

우주시민이 되면, 울타리와 경계가 없기 때문에 우주 전체와 연결된 나를 볼 수 있게 돼. 경계라는 게 뭐야? 그건 소속을 가리는 거지. 내가

---

* 〈은하철도 999〉는 여러분 부모님이 아주 어렸을 때 방영된 일본 애니메이션인데, 우리나라에서는 주인공 이름이 '철이'였지. 철이는 은하철도 999를 타고 지구로부터 우주 저 먼 곳으로 여행을 가는 도중 많은 세상과 사람들을 만나고, 그 경험 속에서 성장하게 돼.

이쪽 경계 안에 '속해' 있다면, 나는 이쪽민의 사람이야. 저쪽에는 내가 없는 거지. 하지만 경계가 없다면 나는 '전체'에 있는 거야. 그래서 내가 나를 우주시민이라고 말할 때, 나는 '나'라는 영역에 속해 있으면서, 동시에 우주 전체에 속해 있다고 말하는 셈이 되는 거야. 이제 더 이상 자잘한 사람이 아니라고. 어때? 어깨가 좀 으쓱거리지 않아? 평화롭고 행복해서 콧노래가 절로 나오겠지?

그러니까 우리 모두 우주시민이 되어보자고. 안으로는 스스로 만든 나의 틀을 부수면서 나의 내면 깊숙이 들어가고, 바깥으로는 끝없이 펼쳐진 우주의 까마득한 시공간으로 생각을 확장해가는 거야. 다시 말하지만, 나의 영역은 나 자신과 이 우주 전체야. 우리가 철학을 하고 있는 한은 그 어떤 틀도 인정하면 안 돼. 알쏭달쏭하니? 물론 그래야지. 단박에 "아, 뭔 말인지 다 알겠어요"라고 말하면 내가 얼마나 섭섭하겠어? 어쨌든 눈빛을 보니 여러분은 이미 철학과의 첫 연애를 막 시작하고 있는 거야. (아, 첫사랑이 가장 뜨거울 때지!)

자, 철학과 연애를 시작했다 싶으면 이미 우주시민증 발급 절차에 들어간 거야. 까다로운 자격 심사도 없어. 단지 어느 날 문득 자신이 우주시민에 속해 있다는 걸 깨닫기만 하면 돼. 세상엔 자신이 그렇다는 걸 알아채지 못하고 살아가는 사람이 많아. 그래서 먼지를 뒤집어쓴 채, 찾아가지 않고 쌓여 있는 시민증이 엄청 많지. 이 시민증을 찾아간 사람 가운데 아까 얘기한 장수하신 분들 말고, 기억에 남는 아름다운 이가 있어. 의자를 옮기면 저녁놀을 마흔세 번이나 볼 수 있는 작은 별의 왕자 야. 맞아, 생텍쥐페리(Antoine de Saint-Exupéry, 1900~1944)의 '어린 왕자' 말이야. 장미와 하는 연애가 어떻게 되어가는지 참 궁금하지만, 둘의 사생활이니까 꾹 참아야지. 그래도 언젠간 시민증을 갱신한다는 핑계로 한번 찾아가볼까 싶기는 해.

아, 또 옆길로 가네. 아무튼 우리는 앞으로 우주시민들을 많이 만나게 될 거야. 정확히 말하면 그들의 '말'을 만나게 되는 거지. 그러면서 철학을 '배우는' 게 아니라, 철학을 '하게' 될 거야. '철학 과목을 배운 학생'이 아니라, 말 그대로 '철학자'가 되는 거지. 우리는 우리 삶의 모든 순간을 철학하는 마음으로 맞아야 해. 그렇다고 치면 우리에게 '철학자'라는 이름은 적당하지 않은 것 같지? 그럼 '철학인'이 맞을지도 모르겠어. 그런데 철학인이라고 하니까 어딘가에 간판 걸고 점을 쳐주는 점성술사나 무속인 같은 느낌이 드네? 좋아, 그렇다면 '철인'은 어때? 시를 쓰는 이를 '시학자'가 아니라 '시인'이라고 부르듯이 말이야. 시인에게는 삶의 모든 순간이 시, 그 자체(여야 한다고 나는 생각해. 시인은 밥 먹을 때나 똥을 눌 때나 시 그 자체여야 한다고! 물론 시인들은 동의하지 않겠지만.)이듯이, 우리는 우리 삶의 모든 순간이 철학이어야 하거든. 너무 거창하게 나갔다고? 그것도 그렇지만 무엇보다도 철인이라고 하니까 어쩐지 아이언맨 같다는 느낌이 확 든다고? 이거, 철학인이라고 하자니 무속인 같고, 철인이라고 하자니 깡통로봇 같고. 뭐 어쩔 수 없이 그냥 다시 철학자라고 해두자고.

철학, 그 아름다움과의 만남

자, 이제 우주시민의 철학을 시작해볼까. 그래, 한숨 한 번 더 쉬어보는 것도 괜찮아. 어허, 그렇다고 머리칼을 쥐어뜯을 것까지는 없잖아. 너무 엄살 부리지는 말자고. 철학이라는 게 고문받을 각오부터 단단히 하고 맞이해야 하는 일은 절대 아니야. 배배 꼬이고 생경한 말들로 여러분을 괴롭히고 싶은 생각은 결코 없어. 그건 사기꾼들이 하는 짓이지. 앞서 우주가 어쩌고 하면서 거창하게 시작해놓고 이제 와서 어려운 게 아니라고 하니까 어이가 없기도 하겠지만, 난 단지 철학하는 일은 참 아름다운 일이라는 걸 말하고 싶었을 뿐이야. 시작이 너무 거창한 건 내가 제일 싫어하는 거야. 알잖아, 첫 끗발이 개끗발……. 어이쿠, 우주시민 입에서 살짝 세속적인 단어가 튀어나왔기로서니 지우개를 날릴 것까지야 없잖니?

그럼 철학을 시작하는 의미에서 앞서 말한 러셀의 말씀을 잠깐 듣고 가자고.

"단순하지만 누를 길 없이 강렬한 세 가지 열정이 내 인생을 지배해 왔으니, 사랑에 대한 갈망, 지식에 대한 탐구욕, 인류의 고통에 대한 참기 힘든 연민이 바로 그것이다. 이러한 열정들이 마치 거센 바람 과도 같이 나를 이리저리 제멋대로 몰고 다니며 깊은 고뇌의 대양 위로, 절망의 벼랑 끝으로 떠돌게 했다.

나는 사랑을 찾아 헤매었다. 그 첫째 이유는 사랑이 희열을 가져오기 때문이다. (중략) 두 번째 이유는 사랑이 외로움을 덜어주기 때문이다. 마지막으로, 성인들과 시인들이 그려온 천국의 모습이 사랑의 결합 속에 있음을, 그것도 신비롭게 축소된 형태로 존재함을 발견할 수 있었기 때문이다. (중략)

내가 똑같은 열정으로 추구한 또 하나는 지식이었다. 나는 사람들의 마음을 알아보고 싶었다. 하늘의 별이 왜 반짝이는지 알고 싶었다. 그리고 삼라만상의 유전[*] 너머에서 수數들이 힘을 발휘한다고 설파한 피타고라스를 이해해보고자 했다. 그리하여 나는 많지는 않으나 약간의 지식을 얻게 되었다.

사랑과 지식은 나름대로의 범위에서 천국으로 가는 길로 이끌어주었다. 그러나 늘 연민이 날 지상으로 되돌아오게 했다. 고통스러운 절규의 메아리들이 내 가슴을 울렸다. 굶주리는 아이들, 압제자에게 핍박받는 희생자들, 자식들에게 미운 짐이 되어버린 의지할 데 없는 노인들, 외로움과 궁핍과 고통 가득한 이 세계 전체가 인간의 삶이 지향해야 할 바를 비웃고 있다. 고통이 덜어지기를 갈망하지만 그렇게 하지 못해 나 역시 고통받고 있다.

---

* 이리저리 떠돎.

이것이 내 삶이었다. 하지만 나는 그것이 살 만한 가치가 있다는 것을 알았으므로, 만일 기회가 주어진다면 기꺼이 다시 살아볼 것이다."[*]

러셀은 참 행복했겠지? 이 세 가지 열정이 죽는 날까지 식지 않는다는 건 큰 복이야. (물론, 무엇보다도 열정적인 사랑을 여러 번 했다는 점 때문에 부러운 건 결코 아니야.) 모름지기 철학자라면 이렇게 살아야 하지 않을까? 러셀은 자기 생각과 자기 삶을 일치시키며 살아갔어. 그게 어디 보통 일이겠어? 게다가 평생을 열정적으로 그렇게 살았다잖아! 나는 그가 삶의 매 순간, 언제나 철학자였기에 그렇게 살 수 있었다고 믿어.

---

[*]   버트런드 러셀, 송은경 옮김, 《러셀 자서전》, 사회평론, 2003년, 서문 '나는 무엇을 위해 살아왔나'.

2

드디어
철학병에 걸리다

쿵, 쾅, 퍽! 철학이 시작되는 어떤 날

철학이 시작되는 어떤 날이 있어. 어떤 것이 쿵, 하고 가슴속에 떨어지는 거야. 물론, 뒤통수를 쾅, 하고 칠 때도 있지. 등짝을 퍽, 하고 후려갈길 때도 있어. 그래, 거기까지. 설마 콕, 하고 똥침을 놓을 때도 있다는 말까지 듣고 싶은 건 아니겠지? 나처럼 조숙한 사람들은 그런 날이 좀일찍 닥쳐와. 대략 초등학교 5학년 무렵이었던 것 같아. 뭐지, 이 야유의 눈길은? 너무 늦다고 생각하는 거야, 너무 이르다고 생각하는 거야? 그거야 뭐, 각자 알아서 생각하고. 대체로 사춘기가 시작될 때 갑자기 철학이란 걸 하게 되거든. 물론 처음에는 머릿속에서 마구 휘몰아치는 광풍과 번개의 정체가 도대체 뭔지 잘 몰라. 질문이 끝없이 솟아나 엄청 혼란스럽긴 한데, 대체 자기가 왜 그러는지 모르지. 오늘 점심에 뭐가 나올까, 머리 스타일을 어떻게 바꿔볼까 하는 질문이 아니라 좀 이상한 질문이 자꾸 떠오르거든. 점심 메뉴나 머리 스타일에 관해서는 친구에게 물어볼 수 있잖아? 그런데 친구뿐 아니라 그 누구에게도 묻기에 쑥스러운 질문이 떠오르는 거야.

"나는 누구지?"
"나는 어디서 왔지?"
"산다는 것과 죽는다는 건 뭐지?"
"내 죽음 뒤에도 이 세상은 남아 있을까?"

이걸 누구에게 물어보겠어? 또 누군들 여기에 대해 명쾌한 답을 줄 수 있겠어? 나는 이미 몰라서 묻는 거니까, 모르는 내게 모르는 내가 물어본들 답이 찾아질 리 없는 노릇이잖아. 시시껄렁한 잡담을 뭐 대단한 뉴스라도 된 듯 떠들고 있는 친구들을 둘러봐도 이런 질문에 대해 답을 해줄 만한 녀석은 하나도 없어 보여.

그래서 어느 날 문득 내 머릿속을 헤집고 들어온 이 질문들 때문에 나는 '이상해'지기 시작했어. 제일 먼저 나타난 증상이 뭔지 아니? 눈을 똑바로 뜨지 않고 다니게 된 거야. 그 전의 초롱초롱하고 말갛던 눈빛과는 단숨에 이별한 거지. 나는 눈을 내리깔고 다니게 되었고, 어쩌다가 억지로라도 상대를 봐야 할 일이 생기면 내리깐 눈은 그대로 둔 채, 고개를 약간 삐딱하게 외로 꼬면서 턱을 쳐들기 시작했어. 결코 남들과 눈을 동그랗게 떠서 마주치고 싶지는 않았거든. 그만큼 나는 독특하니까!

이런 혼란의 진단명은 바로 '철학병'이었어. 물론 철학병이 심장병, 당뇨병처럼 의사가 진단을 내리는 질병의 명칭은 아니야. 뭐? 정신병이 아니냐고? 왜 이러냐, 좀 이상하다고 다 미친 거야? (실은 정신병에 걸린 것처럼 보일 수도 있어. 정신병자 오해를 받았던 철학자들이 숱하게 있고, 실제로 정신병에 걸린 철학자도 많대.)

어쨌든 국어, 수학, 영어, 과학, 사회 같은 교과서를 들여다봐도, 어떤 백과사전에다가 물어봐도 정답을 알려주지 않는 이런 종류의 질문들은, 바로 철학이라는 과목에 속한 질문이었던 거야. 세상의 여러 질문이 무지개라면 철학의 질문은 프리즘을 통과하기 전의 빛, 그러니까 본질의 빛인 거지.

그런데 세상엔 나보다도 훨씬 일찍 이런 증상이 생긴 능력자들이 많아. 아까 말했다시피 인류 역사상 가장 어린 나이에 자신의 비범함을 드러낸 인물은 석가모니야. 태어나자마자 일곱 발자국 걸은 다음 "천상천하 유아독존天上天下 唯我獨尊", 곧 "이 우주에서 나라는 존재가 가장 귀

히디!"고 외쳤다잖아. 그래, 입을 삐죽거리는 저기 주혁이만큼 나도 궁금했어. 그렇게 말한 다음엔 다시 응애응애 우는 아기로 되돌아갔는지 말이야. 후후, 불경스럽기는! 이 일화는 사실이 아니라 상징이야. 하나의 생명이 태어났다는 얘기는 하나의 우주가 생겨났다는 것과 같아. 주혁이라는 생명이 태어났기 때문에 주혁이의 우주가 있는 거고, 지용이가 있으니까 지용이의 우주가 있는 거야. 누구라도 마찬가지지. 애석하지만 주혁이가 없어지면 주혁이의 우주가 없어지지. 도대체 이게 무슨, 개 풀 뜯어 먹는 소리냐고? 뭐, 그냥 나는 우리가 어느 날 문득 새로운 세상에, 그러니까 '지금까지와는 다른 의미로 다가오는 세상에 눈을 뜨게 된다'는 사실을 좀 장대하게 말하는 것뿐이야. 우주적 존재에 대한 건 앞으로 차근차근 알게 될 테니까, 여기선 이 정도까지만 말하기로 해. 지금은 '철학이 시작되는 어떤 날'에 대해 얘기하고 있으니까 말이야.

철학, 행복, 그리고 리비히의 '최소량의 법칙'

노르웨이의 철학 교사인 요슈타인 가아더Jostein Gaarder가 쓴 《소피의 세계》를 읽은 사람은 알 거야. 열네 살 소피 아문센은 오월의 첫날, 집 우편함에서 "너는 누구니?"라는 쪽지를 발견하지. 이어 "세계는 어디에서 생겨났을까?"라는 쪽지가 왔을 때 소피는 완전히 이상한 느낌에 사로잡혔어. 그 이전까지는 '그저 평범한 보통 사람'이었지만, 이제부터는 아니었지. 그때부터는 '나 자신은 누구일까?', '나의 종말 뒤엔 무엇이 존재할까?' 같은 질문들이 머릿속을 꽉 채우게 돼.

독일의 철학 교수 비토리오 회슬레Vittorio Hösle의 《죽은 철학자들의 카페》에서 노라라는 소녀는 '공룡이 멸종한 후에도 공룡에 대한 플라톤의 이데아가 존재하는가?'에 대한 질문을 시작으로 온갖 궁금증을 펼쳐. '진짜 나'는 누구인가, 세상에는 영원한 진리가 있는가, 우주는 끝이 있을까 등, 끝이 없지. 노라는 열한 살 때 선물 받은《소피의 세계》를 읽으면서부터 철학적 질문의 세계에 푹 빠졌다는군.

프랑스 철학자 피에르 부르딜Pierre Bourdil이 지은《아주 철학적인 하루》에는 열여섯 살 먹은 소년 필리베르가 등장해. 필리베르는 어느 날 갑자기 잠에서 깨면서 이상한 기분이 들었는데, 그 기분이 바로 철학적 질문이 쏟아지기 시작하는 징조였어. 이 책은 하루 동안 완전 뒤죽박죽이 되어버린 머릿속 생각들을 따라가면서 필리베르가 철학이라는 걸 시작하는 과정을 아주 꼼꼼하게 보여주지.

또 잭 보웬Jack Bowen의《드림 위버》에 등장하는 열네 살 이안은 어느 날 갑자기 자기 방에 나타난 수염 난 할아버지로부터 "실제로 무엇이 있다는 걸 어떻게 알지?"라는 질문을 들으면서 끝없는 질문의 세계로 빠져들지.

소피나 필리베르, 이안은 가상의 인물이고, 노라는 실제 인물이야. 실제 인물이 훨씬 더 조숙히지? 내 경우도 열두어 살 때의 어느 날부터 그 '병'에 걸렸으니 좀 조숙한 건가? 흐흐. 내 말은 대체로 그 나이 때쯤 우리는 너 나 할 것 없이 철학병에 걸린다는 거야. 누구는 좀 심하게 걸려서 덜컥거리고, 누구는 좀 약하게 걸려서 슬쩍 넘어가는 차이만 있을 뿐이지. 웃긴 건 다들 이 병에 걸리긴 하는데, 서로 병세를 묻거나 위로해주거나 치료법을 전수해주지는 않는다는 거야. 오직 홀로 걸리고, 홀로 앓다가, 홀로 벗어나거나, 아니면 '천석고황泉石膏肓'처럼 내내 고질병으로 달고 살게 되지.

그런데 왜 '병'이냐고? 증상이 있기 때문이야. 아까도 말했듯이 우선 눈부터 똑바로 안 뜨게 만들지. 그리고 시도 때도 없이 생각에 잠겨서 멍해질 때가 많아. 이유도 없이 실실 웃기도 하고, 짝사랑이 끝나버린 사람처럼 비탄에 잠기기도 해. 그리고 한번 된통 걸리고 나면 평생을 보균자로 살게 되거든. 병에 걸리기 전과 병에 걸린 후의 사람이 달라지는 거야. 이 철학 보균자를 예전 선배들은 '우주시민'이라는 근사한 말로 표현했어.

얼마 전에도 어떤 사람이 스스로 보균자임을 고백하는 걸 텔레비전에서 봤어. 긴 팔로 멋진 춤을 추는 박진영이 바로 그야. 무슨 프로그램에서 좀 쑥스러운 표정을 지으면서(아니, 실은 일부러 그런 표정을 지은 건 아니고, 그 사람 표정이 원래 쑥스럽잖아?) 이러더군.

"우주와 나에 대해 모르면 도대체 백 퍼센트 행복하지 않은 거예요, 저는."

그걸 보고 딱 알아챘지. 아, 당신도 우주시민? (하긴, 그 사람 별명이 '외계인'이었잖아?) 박진영은 돈을 많이 벌기 위해서, 또는 유명해지기 위해서, 또는 사업을 크게 벌이고 싶은 욕심에서 일을 하는 게 아니라고 했어. 그런 것들로 자신의 행복을 다 채울 수 없다는 거지. 부자고 유명하고 사람들의 사랑을 담뿍 받아도, 결국 우주와 나에 대해 알아나가지 못하면 완전히 행복하지 않다는 거야. 몸 전체가 다 건강해도 손가락 끝에 박혀 있는 작은 가시 하나 때문에 아프듯이 말이야.

화학 시간에 리비히의 '최소량의 법칙'에 대해 배운 적이 있니? 식물의 생장에는 여러 가지 요소가 필요한데, 그중 하나라도 부족한 게 있으면 다른 요소가 아무리 풍부해도 부족한 한 가지 요소 때문에 식물이 잘 자라지 못한다는 거야. 딱 그 부족한 요소가 기여하는 만큼만 자라는 거지. 마치 여러 길이의 나무 판으로 물통을 만들었을 때, 가장 짧은 나무 판 길이만큼만 물이 담기듯이 말이야. 우주와 나에 대해 모른다는 건 박진영 그에게는 가장 길이가 짧은 나무 판과도 같은 거였지.

이제 내 얘기도 해볼까? 어련하시겠냐고? 그래, 그 말투에 약간 조롱기가 담겨 있는 걸 알지만, 무시하고 얘기해주지.

나의 '그 어떤 날'은 앞서도 말했듯이 초등학교 5학년 때쯤이야. 그 무렵 나는 종종 우울했어. 슬펐다고 말하는 게 적절한 표현일지도 몰라. 자려고 누울 때마다 문득 '나는 누구지?', '우주는 얼마나 넓지?', '우주의 시작과 끝이 있을까?'라는 의문이 솟아나다가, '엄마 아빠와 언젠가는 죽음으로 헤어지겠지', '죽음 이후에는 무엇이 있을까?'를 거쳐서, 드디어는 '나도 나라는 존재와 죽음으로 헤어지겠지'에 이르면서 눈물이 귀 옆으로 줄줄 흘러내렸어. 그렇게 거의 날마다 베갯잇을 적시며 잠이 들었지. 남들이 봤으면 이루지 못할 짝사랑이라도 하는 줄 알았을 거야. 친구들 얼굴을 가만히 보면 나와 같은 고민과 번뇌에 시달리는 것 같은 애는 도무지 없었어. 걔들은 그저 뛰고 먹고 장난치고 골려먹는 일에만 몰두하는 것처럼 보였지. 그런 애들한테 뭘 물어본들 나만 이상한 애 취급받을 게 분명했어. 아니면 잘난 체한다고 눈을 흘겼겠지. 나는 그때 내가 진짜로 무슨 병에 걸린 건 아닌지 두렵기도 했어. 정신병이나 무당병일지도 모른다고 생각했던 거야.

그런데 어느 날, 우리 담임 선생님(사실, 이 사람에게 선생님이란 말을 쓰기는 싫어. 이 사람과 6학년 때 담임은 평생을 두고 비겁함에 대해서 생각할 거리를 던져 줬지.)이 결근하는 바람에 다른 반 선생님이 우리 반을 하루 맡게 됐어. 그 선생님이 문득 이런 말씀을 하시네?

"눈물에 젖은 빵을 먹으며 밤을 새워보지 않은 사람과는 인생을 논하지 말라는 말이 있다. 그게 철학이다."

나는 그 순간 거대한 파도에 휩싸이는 듯한 느낌을 받았어. 아주 강렬했지. 그리고 선생님과 눈길이 마주쳤을 때 선생님의 표정은 '바로 너로구나!'라는 것 같았어. 아마 그때 내 머릿속을 강타한 충격파는 실제로 교실 전체에 넘실거렸을지도 몰라. 나는 내가 정신병이나 무당병에 걸린 게 아니라 철학이라는 치열한 세계에 빠져들었다는 걸 알았지.

그때부터 나는 완전히 달라져서, 맘 놓고 하루 온종일 철학적 사색을 즐겼어. 때론 스스로 생각하기에도 어이없을 정도로 어리석고 유치한 행동을 할 때가 있었는데, 그러면 '너는 철학한다는 애가 왜 그렇게 유치해?'라고 스스로에게 묻곤 했어. 친구들 때문에 속상한 일이 있으면, 속으로 '철학하지 않는 애들이란……' 하면서 혀를 끌끌 찼지. 고민해야 하는 병이 아니라 훈장이 된 거야. 그래그래. 솔직히 고백할게. 좀 건방을 떨었어. 좀 재수 없었을 거야. 그땐 겸손을 몰랐거든. 그리고 내가 겸손한들 상대는 그걸 알아먹을 대상들도 아니었다고. 지금은 어떠냐고? 왜 이래, 지금은 엄청 겸손하지! 겸손의 화신이야! 음, 그 눈빛들……. 그래, 맞아. 건방을 떨고 싶어도 내세울 게 없다는 건 알고 있지. 그래서 할 수 없이 겸손이다, 닥치고 겸손!

그렇게 완전히 그 전의 나와 그 후의 나는 달라졌어. 그 전의 나는 그냥 어떤 어린애, 그 후의 나는 티오피라고나 할까. 톱, 말이야. 자존감이

톱이었다고. 그러다가 텔레비전에서 '주말의 명화'를 하는데, 아, 그걸 보고 말았지. 〈줄어드는 사나이〉를 말이야.

〈줄어드는 사나이〉는 리처드 매드슨(Richard Matheson, 1926~2013)이라는 에스에프 작가의 소설을 원작으로 1957년에 만든 흑백영화야. 보트를 타던 중에 방사능 안개에 휩싸였던 주인공 스콧 캐리는 그 후유증으로 매일매일 몸이 줄어들어가. 나중에는 아주 작아져서 지하실로 떨어져 거미의 습격을 받기도 하면서 처절한 생존 싸움을 벌이지. 그러면서도 끝없이 줄어들어서 결국에는 화면에서조차 보이지 않게 되고 말아. 그가 화면에서 사라질 때 그가 있던 지하실의 작은 창 너머로 바람이 훅 하고 불지. 그때 (아마도) 바람을 타고 창밖으로 날아가는 그가 이렇게 외쳐. "그래도 나는 살아 있다!" (사실 원작 소설은 여기서 더 나아가. 주인공이 '무無'보다도 더 작아진 거지. 여기서의 '무'란 우주의 경계점을 뜻해. 우리가 보는 이 우주에서 '무'의 경계를 지나 한순간에 다른 우주로, 소설가의 표현대로라면 '원더랜드'라는 새로운 세계로 통과해 들어간 거야. 그래서 소설의 마지막 문장은 이렇게 끝나지. "스콧 캐리는 자신의 인생을 찾아 신세계로 달려나갔다.")

영화를 보다가 그의 마지막 외침이 내 머릿속을 총알처럼 관통해버렸어. 그 총탄의 파편은 가슴에도 콱 박혔지. 아, '살아 있음'이란 무엇이란 말이냐. 그의 생명을 붙잡고 있는 '살아 있음'이란 대체 무엇이란 말이냐. 이러면서 또 그 밤을 눈물로 새웠지. 그 후로도 한동안은 바람이 불 때마다 그를 붙잡을 수 있을까 하는 착각에 손을 내밀기도 했어. 할 수만 있다면 그와 눈을 마주치고 삶의 연민을 서로 나누고 싶었어. 그렇게 줄어들다가 결국 홀로 늙어 먼지처럼 죽고 나면 그에게는 무엇이 남을까, 뭐 그런, 상당히 문학적인 감상에 젖었지. 영원히 줄어들다가 '무'를 넘어서 다른 우주로 들어갔다는 소설의 결말을 미리 봤더라면 그렇게 슬프지는 않았을 텐데 말이야. 아무튼 영화를 본 이후로 존재에 대한 본질적인 질문, 이게 해일처럼 나를 덮쳤고, 이 해일은 나의 일생을 두고 나를 떠밀고 갈 거라는 예감이 들었어. 이게 나에게 닥친 '그 어떤 날'이었어.

여러분의 그 어떤 날은 어떻게 들이닥쳤는지, 어떻게 들이닥칠지 몹시 궁금해. 어쨌든 어느 날 잠에서 깰 때 문득 어제와는 완전히 다른 낯선 하루가 시작된다면, 그리고 문득 '내'가 나와 떨어져 저만치 앞에서 낯선 모습으로 내 앞에 서 있다면, 바로 그날이 '그 어떤 날'이라는 걸 금방 알아챌 수 있을 거야. 그날이 오면 사람들의 움직임과 목소리, 세상 모든 것의 움직임과 세상 모든 것의 소리가 갑자기 낯설게 느껴지지. 마치 세상 모든 것이 침묵의 바다에서 튀어나와 새로운 이름표를 하나씩 달고서 다가오는 듯한 경이로운 날이 되는 거야.

그때부터 내가 살아 있는 한, 나는 줄곧 내 존재와 나를 둘러싼 이 우주에 대해 끝없이 질문의 두레박을 끌어 올리며 살게 되지. 그러면서

'끝없이 묻는다는 것은 결국 나의 존재와 나의 세계에 대해 책임을 지는 일이다'라는 거창한 깨달음을 얻게 돼. 내가 나로 태어난 이상, 나는 자신에게 내 존재와 세계에 대해서 많은 걸 설명해줘야 해. 내 존재와 내가 살아가는 세계에 대해 되도록 많이 알고 죽어야 억울하지 않잖아. 아직 밝혀지지 않은 거라면 모를까, 이미 밝혀진 게 있다면 적어도 그것만큼은 최대한 알고 죽어야 하지 않을까? 그래, 대단한 욕심인 거, 인정해. 하지만 어떡하겠어? 박진영 말대로 '그걸 모르면 도대체 행복하지 않은'걸.

3

사람이니까 철학한다

아주 우연하고도 고마운 능력, 철학

이쯤 얘기했으면 철학한다는 게 뭔지 대충 감이 오지? 철학이란 '내 존재와, 내 존재가 태어난 이 세계에 대한 질문을 끝없이 이어가는 공부'라는 말씀. 너무 거창하다고? 그래, 거창하면서도 거창한 게 아니고, 별것 아니면서도 별것인 게 바로 철학이야. 거창하다는 얘기는, 철학적인 질문들이 존재와 우주 전체에 걸쳐 있기 때문에 그렇다는 거고, 거창하지 않다는 건, 누구나 사는 동안 시도 때도 없이 빠져드는 질문이기 때문에 하는 말이지.

그래, 너무 잘난 척하는 것 같은 느낌은 있어. 인정해. 그런데 어찌겠어? 잘나지도 못한 것이 잘난 척하는 게 아니라 진짜 잘난걸. 우~, 우~! 뭔가 밑바닥에서부터 거대하고 강력한 야유와 비난의 함성이 솟아오르지? 진정해. 혹시 지금 시기와 질투에 눈이 멀어 머리가 과열되고 있는 거 아니야? 독특한 철학자(대체로 철학자들은 좀 독특하지만)인 니체(Friedrich W. Nietzsche, 1844~1900)의 말을 늘 염두에 두어야 해. "두뇌를 얼음 위에 올려놓을 줄 모르는 자들과는 토론을 할 수 없다."

뭐, 나뿐 아니라 누구나 저 잘난 구석은 하나씩 갖고 있기 마련이야. 그렇다고 해서 내가 잘났기 때문에 철학한다거나 하는, 영 재수 없는 말을 하려는 건 아니야. 얘기를 더 넓혀서, 인간이 철학을 하게 된 건 인간이 잘났기 때문이다, 이런 말을 하려는 것도 아니고. 본질적인 의미에서, 인간이라는 종족이 다른 모든 생명보다 우월하다고 말하는 것도 아니야. 내가 미쳤니? '우주시민'은 그런 생각을 하지 않지. 우주시민은 모든 생명과, 생명 아닌 것에 대해 무지하게 겸손하거든.

내가 말하는 건, 단지 우리 인간이 진짜 '우연'히도 생각이란 걸 하게되었고, 그 특별한 능력으로 말미암아 자신의 존재와 생명의 의미, 그리고 세계와 우주의 의미에 대해 성찰할 수 있게 되었다는 얘기야. 물론이 우주 어딘가에는 지금 우리만큼, 또는 우리보다 더 철학적인 질문을 던지고 성찰하는 지적 생명체가 있을지도 몰라. 아니면 과거에 있었다가 지금은 사라졌을지도 모르고. 하지만 지금, 여기, 우리가 접할 수 있는 범위에서는 말이야, 우리는 아직 인간 말고는 존재에 대한 질문을 던지는 생명체를 알지 못해. 물론 얼어붙은 눈가루가 날리는 차가운 툰드라 벌판에서 넓은 밤하늘에 펼쳐지는 오로라를 보면서 아우우~ 우는 늑대를 보면, 혹시나 저것들이 먼 외계의 생명체를 그리워하며 존재의 고독에 대해 한 줄기 외로운 독백을 흘리고 있나, 하는 시적인 감상이 들기도 해. 어이쿠, 고래는 또 어떻고!

깊고 푸른 바닷속을 헤엄치며 수천 킬로미터 떨어진 동료에게 신비로운 노래를 전한다잖아. 때로는 고래가 끽끽 웃는 소리를 들으면 그만 나도 물속으로 풍덩 뛰어들어 그들의 수다에 끼고 싶은 생각이 확 든다니까. 아 참, 그러고 보니 정말로 그런 사람이 있네. 영화 〈그랑블루〉를 보면 주인공이 마지막에 물에서 바깥으로 나오지 않고 멀고 깊은 바닷속으로 들어가버려. 지금 생각해보니 그는 혹시 고래들하고 얘기가 잘되었는지도 모르겠어. "너, 들락날락 그만하고 아예 이리 들어와 살래?", "그래, 그래볼까?", 이렇게 말이야. 개인적으로 고래의 지적 능력에 대해선 판단 보류할래. 왜냐고? 난 고래를 좋아하니까! 하늘도 바다도 검푸른 밤중에 배를 뒤집고 드러누워서 무수히 많은 별을 바라보며 그들의 언어로 생각에 잠긴 고래가 떼로 떠 있다고 해도, 나는 하나도 안 놀랄 거야. 왜냐고? 잊었어? 난 고래를 좋아한다니까!

나뿐만 아니라 《은하수를 여행하는 히치하이커를 위한 안내서》라는 위대한 작품을 쓴 더글러스 애덤스(Douglas Adams, 1952~2001)도 그랬어.

그 책에서 고래들이 뭐라고 하는지 한번 보길 바라. 영화나 소설과 현실은 다르다고? 그래, 맞는 말이야. 하지만 상상은 생각을 유연하게 해주고, 한계를 돌파하는 힘을 주지. 철학자에게 꼭 필요한 덕목이라고.

아, 인간이 특별히 잘난 게 아니라는 얘기를 하려던 참인데, 그만 고래 예찬을 하고 말았네. 뭐, 이건 개인의 취향이니까, 이해해주겠지? 어쨌든 굳이 잘났네 아니네를 따질 일은 아니지만, 지금 지구상에서 자기 자신을 대상으로 놓고 '너는 누구냐?', '너는 어디에서 왔느냐?', '너는 어찌 살 것이냐?'라는 질문을 던질 수 있는 생물은 인간밖에 없어. 아주 여러 겹의 '우연'이 쌓여서 인간은 그런 두뇌를 가지게 되었지. 지구에서 일억 이천만 년이나 번성한 공룡에게는 없었지만 고작 수백만 년을 살아온 인간에게 생긴 지적 능력, 정말 기막힌 우연이지? 인간에 대해선 뒤에 다시 얘기하기로 하고, 지금은 사람은 누구나 철학자로 태어났다는 말을 하려고 해. 인간 종족에게 우연히 생긴 이 지적 능력이 사람을 철학자로 만드는 거지. 최대한 겸손하게 말했지만 어쩔 수 없이 잘난 척하는 것처럼 들렸다면 유감이야. 우리 인간들이 철학의 길로 들어선 데 감격해서 한 말인데, 철학자가 될 수 없는 생명들이 듣기에 기분 나빴다면 미안해. 어이, 고양이, 칠면조, 개미, 모기 들~! 그렇게 들었다면 미안~!

그러니 이 고마운 능력을 쓰지 않고 묻어두면 안 되겠지? 사실 우리는 아직 '생각'이 무엇인지, 생각의 기원이 어디인지, 생각이 나오는 시스템이 어떤 건지 몰라. 어디서 어디까지가 생각인지, 어디서 어디까지가 감정인지, 어디서 어디까지가 본능인지 잘 모르지. 또 어디서 어디까지가 온전히 내가 만들어낸 나만의 생각인지도 몰라. 이렇게 우리가 우리의 생각에 대해서 아직 모르는 부분이 많다고 해도, 다른 생물들보다는 꽤나 복잡하고 꽤나 깊이 있고 퍽이나 독특한 생각을 하며 사는 것만은 틀림없겠지? 그중에서도 철학하는 능력이란 엄청 돋보이는 능력이야. (앞에서도 말했지만) 나 자신을 나로부터 떨어뜨려놓고서 '너는 누구냐?', '너는 어디서 왔느냐?', '너는 어찌 살 것이냐?'고 묻거든.

거울에 비친 자기 모습을 저라고 판단하는 동물은 아직 많지 않다지? 대개는 으르렁거리거나 도망간다는군. 오직 유인원 몇 종 정도만 자기를 알아본대. 하지만 사람은 아주 어릴 때부터 거울에 비친 게 자기라는 걸 알고, 거울에 비친 자기 모습을 보고 재밌어하지. 물론 자기 모습을 거울에 비춰 보기 싫어하는 사람도 있어. 나도 한동안 그런 적이 있었으니까. 어쩌다 거울을 보면 어휴~, 기대했던 그 얼굴이 아닌 거야. 때깔은 곱지 않고, 눈도 코도 입도 못나고, 주근깨도 있고, 머리는 부스스하고, 콧구멍은 벌룩벌룩하고…… 거울을 볼 때마다 외모에 대한 열등감이 퍽퍽 솟아나는 거 있지. 그래서 거울 혐오증에 걸릴 판이었어. 그때는 내가 나하고 별로 사귀지 못했을 때야. 망상과 공상이 심하고 변덕꾸러기인 데다가 덜렁대고 끈기도 없었는데, 내가 봐도 잘난 체는 엄청 하는 거 같았거든. 그렇게 내 모습을 보는 건 전혀 즐거운 일이 아니었는데, 그래도 앞에서 말한 '그 어떤 날' 이후로 내 관심은 온통 나와 내 세상이었어. 아마 뭔가 나 자신을 좋아할 만한 구석을 찾으려고 했었는지도 모르겠어. 좋아하지는 않았지만 연민은 있었다, 요런 기억이 있으니까. 그런데 나와 비슷한 사람들이 있더라. 아마 옆에 있었다면 서로 옆구리를 팔꿈치로 찌르면서 키득거렸을 텐데.

거울 속에는 소리가 없소.
저렇게까지 조용한 세상은 참 없을 것이오.

거울 속에도 내게 귀가 있소.
내 말을 못 알아듣는 딱한 귀가 두 개나 있소.

거울 속의 나는 왼손잡이오.
내 악수를 받을 줄 모르는—악수를 모르는 왼손잡이오.

거울 때문에 나는 거울 속의 나를 만져보지를 못하는구료마는
거울이 아니었던들 내가 어찌 거울 속의 나를 만나보기만이라도 했
겠소.

나는 지금 거울을 안가졌소마는 거울 속에는 늘 거울 속의 내가 있소.
잘은 모르지만 외로 된 사업에 골몰할게요.

거울 속의 나는 참 나와는 반대요마는
또 꽤 닮았소.
나는 거울 속의 나를 근심하고 진찰할 수 없으니 퍽 섭섭하오.

— 이상, 〈거울〉

내가 좋아하는 이상의 시야. 이 글을 읽어보면 그가 하루 종일 자기를 자기 바깥에서 관찰하고 있는 게 느껴져. 뭔가에 골몰할 때, 바로 그 옆에서 문득, '아, 너는 엉덩이를 빼고 입술을 말고서 너의 생각이란 것을 뾰족이 내밀고 있구나.' 하고 말을 건네는 거지. 내가 나에 대해서 '너는 누구냐?'고 물으려면 이렇게 내가 나를 앞에 놓고(또는 삐딱하게 옆에 놓고 — 이걸 '대상화'한다고 하지.) 바라봐야 해.

나도 이상처럼 내가 '나를 근심하고 진찰할 수 없어서 퍽 섭섭'했어. 그런데 이상이 자기관찰하는 거울 놀이를 즐겼던 걸 보면 그는 나처럼 자기 자신을 싫어하지는 않았나 봐. 사실 이제 와서 생각해보니 나는 나를 싫어했다기보다는, '흡족해'하지 않았던 것 같아. 욕심이 많아서 그랬겠지.

나의 생은 미친 듯이 사랑을 찾아 헤매었으나

단 한 번도 스스로를 사랑하지 않았노라

요건 기형도의 시 〈질투는 나의 힘〉 중 한 구절이야. 그는 서른이 되는 해에 새벽 심야극장에서 죽었다지. 그가 자기 자신을 미워했는지 아닌지까지는 잘 모르겠지만, 어쨌든 사랑하지는 않았다잖아? 그러니 얼마나 외로웠겠어? 그 외로움이 얼마나 사무쳤던지 이상이나 기형도는 둘 다 자기 그림자조차도 남 같지가 않았나 봐. 이상은 "몽몽한 대기가 사라지고 투명한 거리는 가일층 처참하다. 그 위를 거꾸로 선 나의 그림자가 닳아 없어지면서 질질 끌려간다"고 했고, 기형도는 "밤이면 그림자를 빼앗겨 누구나 아득한 혼자였다"고 했으니!

외로움의 동굴에서 철학을 배우다

사람은 말이야, 누군가가 좋아질 때면 그 사람과 자신의 닮은 점을 찾아. 나는 과일빙수보다는 팥빙수를 좋아하는데 저 사람도 그렇구나, 나는 가끔 빵을 다리미에 굽는 걸 좋아하는데 저 사람도 그렇구나. 취향이 비슷할수록 그를 더 좋아하게 되지. 다르면 닮으려 노력하고 말이야. 그러다 싫어질 때에는 이렇게 돼. "아니, 어떻게 그럴 수 있지? 이해할 수가 없어. 달라도 너무 달라." 결론은 뭐겠어? 사람은 누구나 서로 비슷하기도 하고 다르기도 하거든. 좋을 때에는 비슷한 점만 보이고, 싫어지면 다른 점만 부각되는 법이라고. 그러니 비슷한 점이 자꾸 눈에 띈다면 나는 그 사람을 좋아하고 있는 거고, 자꾸 다른 점이 보이면 이미 애정이 식었다는 말이지.

갑자기 웬 연애론이냐고? 나는 지금 고독에 대해서 말하는 거야. 외롭지 않으려고 사람을 만나고, 사람을 잃기 때문에 외로워지지. 이 말을 가만히 곱씹어봐. 결국 '나'라는 존재는 어쨌든지 외롭다는 거야. 내 나이쯤 되면 이제 숱한 고뇌와 사색과 성찰의 밤을 보냈기 때문에 내 존재 자체가 본질적으로 외롭고 고독하다는 걸 알아. 흐음! 그걸 처음 뼈저리게 느끼는 어느 날이 바로 철학이 시작되는 때란 말이지. 누구나 살다 보면 이 외로움의 동굴로 들어가 앉을 때가 있는데, 처음 그 동굴로 들어갔을 때 우리는 거기서 철학을 배워서 나오는 건지도 몰라.

싸움에 지치고 몸에 상처를 입은 야수들은 자기만 아는 깊은 동굴 속에 들어가 웅크린대. 거기 들어앉아 먹지도 않고 오로지 자기 자신에 집중하면서 상처가 아물기를 기다려. 우리도 그런 동굴을 하나씩 갖고 있지. 바깥에선 별이 빛나는지, 눈이 쌓이는지, 비가 오는지, 해가 쨍쨍한지 알 수 없어. 푸른곰팡이가 보석처럼 박혀 빛나는 축축한 동굴 속에서, 오롯이 나 자신만 느끼는 거야. 내가 내쉬는 숨소리, 내가 부르는 작은 노래도 동굴에 여기저기 반사해서 오직 내 귀로만 들려와. 나는 동굴 가득히, 동굴 가득한 나를 느껴. 아무도 들어오지 못하고, 아무도 들이지 못하는 곳이야. 그런 동굴 속의 나는 무척 외로워. 고독이야!

　잘 생각해봐. 최근에 그 동굴 속에 들어가본 적이 있을 거야. 그 속에서 제일 먼저 물었겠지. 나는 누구이며, 나를 둘러싼 이 세계는 무엇일까, 나와 나의 세계는 무슨 관계일까? 왜 그 질문을 하필 혼자 있을 때 하느냐고? 그럼 어쩌겠어? 그 질문은 결국 내가 나에게 할 수밖에 없잖아. "나는 누구일까?"라는 질문을 나 자신 말고 누구에게 하겠어? 자기 자신 말고 누군가에게 한다면 그건 질문이 아니고 절규겠지. 아마 머리를 싸매고 이렇게 외치지 않을까? "대체 나는 누구란 말입니까아~!"

　그래, 철학병이 덜컥 들어버리고 만 거야. 게다가 이젠 나를 둘러싼 이 세계까지 날 고뇌에 빠뜨리겠지? 그럼 철학병이 본격적으로 진행되는 거지. 내가 불쑥 들어온 이 세계가 도대체 설명이 안 되거든. 까마득한 시공간의 어느 한 찰나, 어느 한 지점에 나라는 생명체가 불쑥 생겨났어. 어느 날 어떤 수정란에서 시작되었고, 폭발적인 분화를 거쳐서 태어났고, 자라다가 문득 하늘을 올려다보니까 어질어질할 만큼 드넓은 우주가 좍 펼쳐져 있어. 얼마나 우주가 넓은지 내 생각이 다 달려갈 수 있을지조차 알 수 없지. 이 넓은 세상이 나라는 생명과 도대체 어떤 관계에 있는 건지도 알 수 없어서 막막해. 내가 살다가 죽고 나서도 이 세계가 지금 이대로 있을 건지, 내가 사랑하는 사람이 죽었을 때 그가 살던 세계는 과연 지금도 남아 있는 건지 없어진 건지 알 수 없지. 아, 그러다 보니 나를 포함한 이 세상이 '있다', '없다'로 단정 지어 말하기 어렵게 되어버리네? 모든 게 혼란스러운 거지. 이건 아주 큰 문제야.

있는 건 무엇이고 없는 건 무엇이지? 있다가 없는 건 과연 있었던 걸까, 아니면 애초에 없는 건데 잠깐 있는 듯이 보였던 걸까? 뭐가 진짜고 뭐가 허상일까? 그것들이 지금의 나와 무슨 관계가 있는 걸까? 이런 본질적인 혼란에 빠지면서 철학병이 날로 깊어져. 옆의 친구도 앓고 있겠지만, 그렇다고 서로 치료해줄 수도 없는 일이잖아? 홀로 꾸역꾸역 앓아야지. 그러니 외롭고 또 외로울밖에.

외롭고 골치 아프다고 해서 피할 수 있는 것도 아니야. 왜냐하면 우리 머릿속의 생각이라는 놈은 아무리 우리가 고개를 흔들고 비우려 해도 자기 스스로 회로가 엉기면서 끝없이 이 본질적인 질문을 만들어내거든. 결국 '사람이니까 생각하고, 생각하니까 철학한다'는 말을 반복하게 되는군.

사람은 누구나 철학자로 태어난다

우리는 모두 내가 사람이라서 생긴 이 능력, 그러니까 자신과 자신을 둘러싼 세상에 대해서 '도대체 뭐지?'라는 질문을 던지고, 자기 스스로에게 납득할 만한 설명을 하고 싶어 하는 이 신통한 능력을 외면할 수 없어. 그것이 비록 나라는 존재가 얼마나 외로운지, 내가 알고 싶은 게 얼마나 아득히 멀리 있는지를 반복해서 보여줄지라도, 그래서 몹시 아플지라도(어휴, 굉장히 비장하네?) 나는 언제까지나 생각하고, 또 생각하는 거야. 왜냐하면 나는 애초에 그렇게 생겨먹었거든.

생물학적으로 인간의 분류는 '호모사피엔스Homo sapiens'야. 지금의 인류는 그중에서도 '호모사피엔스사피엔스'라는 학명으로 분류해. 사피엔스라는 말은 '생각하다', '지혜롭다'는 뜻이 있대. 그러니까 사람의 본질은 '생각하는 사람'인 거지. 우리말로는 '슬기인간'이네. 지용이 옆에 앉은 슬기가 낄낄거리며 웃는구나. 그래, 슬기야, 대단해. 인간의 본질을 이름으로 갖고 있으니 말이야. 이쯤에서 우리는 데카르트(René Descartes, 1596~1650)의 이 유명한 말을 떠올리지 않을 수 없지?

"나는 생각한다. 그러므로 나는 존재한다Cogito, ergo sum."

우리 삐딱한 수지, 이렇게 묻고 있군. 그렇다면, 생각하지 않으면 나는 존재하는 게 아닌가? 그래그래, 여기저기서 비슷한 버전이 마구 쏟아지네. 잠자고 있으면 나는 존재하는 게 아닌가? 멍하니 있으면 나는 존재하는 게 아닌가? 기절해 있으면 나는 존재하는 게 아닌가? 나의 매력으로 너의 정신을 홀랑 빼놓으면 너는 존재하는 게 아닌가? 그래, 다들 그렇게 신나게 생각하라고. 그러면서 너의 존재를 증명해봐, 마구마구.

적어도 분명한 사실은, '내가 생각하는' 한은 분명히 '생각하고 있는 내가 있다'고 할 수 있겠지. 내가 없으면 '생각하는 나'도 없을 테니까. 나는 과연 무엇인가, 나는 과연 실제로 있는 것인가 없는 것인가 고민하고 혼란스러울 때에도, 그렇게 나의 존재를 의심하는 생각 자체가 바로 '나'에게서 나왔다는 사실은 분명하잖아. 그렇다면 적어도 내가 나에 대해 '너는 누구냐?'고 질문하는 동안은, 내가 허깨비가 아니라 실제로 여기 존재하는 실체인 거지. 내가 나의 존재를 알아차리고 있는 거니까 말이야.

그러니까 생각한다는 것은, 우리가 존재한다는 것과 같은 뜻이기도 해. 참 대단한 의미지? 우리 수지, 또 눈을 치켜뜨고 묻는군. 그럼 스스로 자신의 존재에 대해 질문을 날리지 않는(듯 보이는) 지렁이나 뱀은, 진드기나 바이러스는, 풀이나 나무는, 먼지나 돌멩이는 존재하지 않는 허깨비란 말이냐……. 아무렴, 네가 왜 이렇게 안 묻나 궁금했다. 에이, 설마 그런 뜻이겠어? 생각해야만 존재할 수 있다는 말은 아니지. 물론 돌멩이는 스스로 '아, 나는 돌멩이고, 60그램의 무게를 갖고 이 길모퉁이에 앉아서 존재한다'고 자각하지는 않아. 그래도 있긴 있지. 그 자신이 생각이 없다고 실제로 없는 건 아니니까. 데카르트의 말은, 내가 분명히 존재한다는 자각, 내가 존재한다는 의심할 수 없는 진실, 그것을 '내가 생각한다'에서 찾았다는 뜻이겠지?

여기서 데카르트의 말을 꺼낸 이유는, '생각한다'는 것이 결국 우리 인간 존재 자체의 독특한 속성이라는 말을 하고 싶어서야. 물론 '생각한다'는 것이 무엇인가에 대해선 한참을 따져봐야겠지만 말이야. 데카르트가 말한 '생각한다'는 건 확실한 진리를 찾기 위해 의심하고 또 의심해보는 일이었어. 그것은 곧 철학의 일이지. 결국 철학한다는 건 우리 존재의 속성이야. 그러므로 우리는 이런 결론을 내릴 수 있지. "사람이니까 철학한다."

우리는 모두 '그 어떤 날'을 지나면서 철학병에 걸려. 그러니 우리는 누구나 철학자인 셈이지. 그럼 또 이쯤에서 대관절 철학이 구체적으로 무엇이냐, 대체 무엇이기에 이렇게 철학하자고 부르짖는 거냐, 묻는 사람도 있겠지. 앞서 철학은 '나와 나를 둘러싼 이 세상에 대한 질문'이라고 했어. 뭔가 근사하기는 하지만, 어쩐지 좀 막연하기도 하지? 지금까지는 저만치에 철학이라는 주소지를 가진 집이 있는 걸 봤다면, 이제는 그 집에 좀 들어가볼까? 내부 구조도 보고, 무얼 가지고 지었는지도 알아야겠지? 자, 휘파람 불며 어슬렁어슬렁 들어가보자고.

철학적 질문은
심술쟁이?

정답이 없는 시험지

우리의 머릿속 회로는 사춘기쯤 되면 자꾸 질문을 하게 만들어. 이건 뭐지? 이건 왜 이러지? 여긴 어디지? 이렇게 눈에 보이는 모든 걸 하나하나 호명하고는, 너는 누구냐고 묻지. 그러다가는 결국 눈에 보이지 않는 것까지 묻게 되어 있어. 있다가 없어지면 어디로 가는 거지? 수억 년 동안 없다가 잠깐 있는 거라면 과연 '없는 것'이 진짜일까, '잠깐 있는 것'이 진짜일까? 이런 것들은 있음과 없음, 곧 '존재'에 대한 질문들이지.

일단 이렇게 질문이 시작되고 나면 그 다음부터는 멈출 수가 없어. 질문은 끝없이 이어지거든. 머릿속에 한번 떠오른 물음표는 앞으로 나아가기도 하고, 뒤로 돌기도 하고, 아주 끝없이 뻗어나가기도 하고, 한없이 안으로 파고들기도 해. 이상한 건, 대개의 경우 정답을 얻지도 못한다는 점이지. 한 질문에 대해 정답을 얻지도 못했으면서 또 다른 질문으로 달려가고, 거기서도 별다른 도움을 얻지 못한 채 또 다른 질문으로 달려가. 이쯤 되면 예전 〈개그콘서트〉의 황현희처럼 정색을 하고 물을 수밖에 없어. "도대체 왜 이러는 걸까요?" 뭘 왜 이러겠어? 철학병이 들어서 그렇지 뭐야. 눈치 빠른 우리 민지는 벌써 결론을 내린 눈치네. 정답이 없는 질문을 하는 게 철학이라는 과목입니다, 라고 말이야.

그래, 문학, 수학, 역사학, 생물학, 경제학 같은 과목들은 정답이 있기 마련이지. 이미 밝혀진 사실을 배우거든. 이건 이거다, 저건 저거다. 이건 이래서 이런 거고, 저건 저래서 저런 거다……. 그래서 시험도 볼 수 있어. 맞는 답에 동그라미 하시오, 틀린 답을 찾아내시오, 이렇게 말이야. 그런데 철학에서 다루는 주제들은 정답이 없어. 그러니 시험을 볼 수도 없지.

문제 너는 누구인가?

① 나는 나다.

② 나는 너다.

③ 나는 누구가 아니다.

④ 나는 누구가 맞다.

⑤ 위 보기 전부.

⑥ 그러는 너는 누구냐?

이런 꼴이 될 테니 말이야. 물론 연구 과목으로서의 철학이 있긴 하지. 교과목에 '철학'이라는 것도 있고, 대학에도 '철학과'가 있긴 해. 그건 '배우는' 철학 분야야. 과거부터 지금까지의 철학의 역사, 철학의 주제, 철학자들의 철학론 들을 배우지. 그렇지만 그런 '이론'과 '역사'를 배운다고 해서, 내가 던지는 질문들에 대한 답을 얻는 건 아니야. 미술사와 소묘를 배웠다고 해서 화가가 되는 건 아니듯이 말이지. 그런 것들은 내가 나의 철학을 해나가기 위해 단지 '참고'가 될 뿐이야.

그렇다면 철학이란 순전히 내 머릿속에서 벌어지는 한바탕 전쟁이냐? 뭘 배우고, 연구할 필요도 없이 그저 답도 없는 질문을 끝없이 던지기만 할 뿐이냐? 어차피 답이 없다면 질문을 해봤자 무슨 소용이란 말이냐? 답이 없는 걸 알면서 질문을 던지는 건 바보 같은 일 아니냐? 결국 철학이란 뜬구름 잡기가 아니냐? 생생하게 살아 있는 나의 현실과는 아무런 관련도 없는 생각의 놀이터가 아니냐? 흐흐, 명회 얼굴에 떠오른 한 줄기 분노의 빛은 이런 항의를 하고 있는 것 같은데? 그렇다면 이 대목에서 평생 근심거리가 많았던 야스퍼스(Karl Jaspers, 1883~1969)라는 철학자가 했다는 근사한 말을 떠올려보자.

"철학이란 자기 자신에 대한 근심이다."

생각해봐. 자기 자신에 대한 근심이 언제 끝나겠어? 숨을 쉬고 살아 있는 한, 나는 나에게 늘 두통거리, 근심거리며 애물단지야. 물론 '나는 나에게 두통거리가 아닌데요!'라고 하는 사람도 있겠지? 그런 사람이 손을 들어 망신을 자초하기 전에 얼른 말할게. 자기 자신에게 두통거리가 아닌 사람은 반드시 남에게는 심한 두통거리기 마련이지, 하하하!

철학자의 1+1 : 결과보다는 과정이지

이제 철학자의 눈을 갖게 되면 머릿속에서 생각들이 어떤 식으로 마구 흔들리는지 한번 알아볼까?

음, 만약에 '1 더하기 1은 무엇이냐? 단, 정답은 없을 것이다'라는 이상한 질문지가 있다면 '1 더하기 1'을 어떻게 풀겠어? 미친 척하고 이 문제를 풀어보기 시작한 수혁이 머릿속에는 이런 질문들이 떠오를지도 몰라.

1 더하기 1을 풀기 위해선 먼저 1이 뭔지 알아야 해. 1이란 무엇이지? 1이란 둘이 아니라 혼자 있는 거야. 아주 단단해서 쪼개질 수 없는 어

떤 것이 1이겠지? 그런 게 여기 하나가 있어. 그런데 거기다 또 1을 하나 더해야 한다네. 여기 아주 단단해서 쪼개질 수 없는 어떤 것을 또 하나 가져오자. 가만있자, 그런데 이것과 저것이 똑같은 걸까? 1 더하기 1이라고 할 때에는 두 1이 서로 똑같아야 하잖아. '1 비슷한 것'이나 '1 짝퉁'이면 안 되잖아. 그럼 지금 가져온 1이 아까의 1과 똑같은지부터 살펴봐야겠네. 그런데 어떤 것이 있는데, 그것과 똑같은 것이 또 하나 있을 수 있나? 어떤 것은 오직 그것만이 유일한 거잖아. 똑같은 모양과 성질이라 해도 그것 자체는 아니잖아? 그럼 똑같다는 규정부터 해야 하는 거 아닐까? 앗, 그러고 보니 1을 어떤 실체 하나로 규정한다면 절대로 1 더하기 1 같은 게 성립할 수가 없네. '여기 있는 1과 구성 성분이 같은 걸 똑같은 1이라고 한다'거나 '여기 있는 1과 생긴 모양이 같으면 똑같은 1로 간주한다'거나 하는 전제가 필요하잖아? 그렇다면 '1 더하기 1'이라고 물을 때에는 전제가 있는 거구나. '여기서의 1은 결코 실체를 의미하는 것이 아니다'라는 거 말이야. 그럼 '1'은 무엇이냐, 1은 상징이고 표상이군. 1은 하나를 싸고 있는 보자기, 그것을 상징하는 기호구나……. '더한다'는 건 또 무슨 뜻이지? 옆에 놓는다는 뜻일까? 그럼 그냥 한 개와 또 한 개가 옆에 있는 것뿐이잖아. 눈에 보이지 않는 보자기나 긴 끈이 서로 근처에 있는 한 개와 또 한 개를 순식간에 묶어주는 걸까? 그걸 '더한다'고 하는 걸까? 그럼 1 더하기 1이란 결국, 무엇을 싸고 있는 보자기에 대한 질문일까?

수학에서는 질대로 1 더하기 1을 놓고 이런 따위의 고민에 빠지지 않아. 이미 1이라는 기호와 상징에 대한 약속을 끝내놓았거든. 사칙연산에 대한 약속도 이미 끝냈지. 그러니 수학에서는 1 더하기 1은 2라는 정답이 있어. 그러나 철학을 하려는 사람에게 1 더하기 1의 해답을 묻는다면, 위에서 말한 것 같은 복잡하면서도 어리둥절하게 만드는 되새김질부터 하지. 이 과정에서 '2'라는 정답 자체는 그리 중요한 게 아니야. 오히려 철학적 질문은 정답이 있고 없고의 문제가 아니라 질문 자체에 의미가 있거든. 질문을 던지고 그걸 해석하고 풀어나가는 과정이 바로 철학의 전부야. 철학적 질문의 대답은 바로 풀어나가는 그 과정 자체, 즉 과정이 대답이라는 말씀이지. 그래서 의미 없는 질문이란 없어. 정답이 없다고 의미 없는 게 아니야. 알겠니? 아, 민철아, 미안해. 질문하면서 나도 모르게 널 쳐다봤어. 우리 민철이, 질문받는 거, 너무 싫어하시잖아. 유치원생 취급하는 것 같아서 짜증 난다 했지? 나도 그랬어. 수준 떨어지는 질문에 또 박또박 대답해주면 내 품격이 떨어진다고 생각했거든. 너희 때에는 '성의 있는 태도'와 '촌스럽다'가 동의어기도 하잖아. 다 알아. 다 이해한다고.

상식과 지식이 아닌, 나만의 답

이렇게 철학의 질문은 원래 답이 없는 질문이야. 그런데 말하다 보니 또 나의 사춘기 입구를 강타했던 책, 페터 빅셀Peter Bichsel의 《책상은 책상이다》가 생각나네. 거기에는 자기가 지금 알고 있다고 하는 것들이 진짜로 아는 것일까, 아니면 막연히 알고 있다고 입력된 것일까, 라는 의문을 가진 아저씨들이 나와. 지구는 둥글다는 것을 스스로 확인하기 위해 똑바로 앞으로 걸어나간 남자도 있고, 아무것도 알고 싶지 않으려면 먼저 무엇을 알고 싶지 않은지부터 알아야 한다는 것을 알아버린 아저씨도 있지. 철학이 시작되는 무렵, 이 아저씨들처럼 우리는 자신이 알고 있는(또는 알고 있다고 알고 있던) 것들이 정말 진짜인지 의심스러워져. 혼란에 빠지는 거야. 혼란으로 머릿속이 뒤죽박죽된다면, 안심해. 그것도 '증상'의 하나니까 말이야. 그래, 철학병 증상이야, 철학병! 참, 그런데 무슨 얘기를 하다 말았지? (이키, 또 물었네? 이건 뻔한 대답을 요구하는 질문이 아니라 도움을 요청하는 질문이니까 이해해줘.) 아, 그래, 철학의 질문엔 정답이 없는데, 정답 없는 질문이라고 의미 없는 질문인 것은 아니다, 뭐 이런 얘길 했지? 봐라, 봐라. 혜미가 고개를 크게 끄덕이잖니. 벌써 나의 추종자가 된 거지, 후훗! 응? 목운동을 했을 뿐이라고? 둘러대긴…….

답이 있는 질문들은 이미 개별 과목에서 다뤘다고 말했잖아. 이미 답이 나와 있는 걸 우리는 '지식'이나 '상식'이라고 불러. 또는 아직 답이 나오진 않았지만, 결국 틀림없이 답이 있을 거라고 예측되는 것도 지식에 속해. 사실과 원리를 알고 이해하는 게 바로 지식이지. 지식은 철학의 주 관심사가 아니야. 철학은 오히려 헤집고 들어가서 그 지식이 처음 시작된 곳을 찾아내지. 역사의 스토리를 묻는 게 아니라, "역사란 무엇이지? 시간은 뭐지?"라면서 본질을 물어. 질문은 끝이 없어서, 질문에 대한 해답이 나올 때마다 다시 그 해답을 의심하고 뒤를 캐고 또다시 본질을 묻는 질문을 만들어.

'죽음'에 관해 한번 생각해볼까. 그래, 으스스하지? 너희 나이 때에는 특히 민감한 질문이지. 뭔가 음산하고 어둡고 무서운 것에 심하게 꽂히는 때잖아? 영화 〈해리 포터와 아즈카반의 죄수〉를 보면 시커먼 연기 같은 디멘터들이 휙휙 날아와 해리 포터가 탄 기차의 창문 옆을 스치지. 하늘은 어둡고 차가운 비가 마구 내리고 어둠의 디멘터들은 죽음의 냄새를 묻히며 날아다녀. 디멘터는 혐오스럽다기보다는 무섭고 매혹적이지. 디멘터가 어두운 밤하늘을 날아올 때 이렇게 외친 사람들도 많을 거야. 와, 멋지다!

또 얘기가 옆길로 새는군. 다시 돌아와서, 그러니까 우리의 관심사인 '죽음'을 예로 들어서 '질문의 종류'에 대해 말해보자 이거야. '죽음이 뭘까?'라는 질문에 대해서는 먼저 의학의 대답이 있을 테지. 생명 활동이 정지된 상태, 곧 죽음에 대한 규정이 있어. 어떤 방법을 쓰더라도 심장박동이 멈추고 뇌 활동이 정지된다면 완전한 죽음일 거야. 이런 건 지식과 상식이야.

그렇지만 '나에게 죽음이란 무엇일까?', '나는 죽음이 왜 두려운가?', '왜 생명 개체는 죽음으로 끝나나?', '번식은 죽음을 극복하는 길인가?',

'죽음 뒤엔 무엇이 있는가?' 이런 질문을 생각해보면, 어떤 학문 영역에서 해답을 내려줄 만한 것들이 아니야. 물론 생물학, 심리학, 물리학 등등을 총동원해서 설명지들을 모은다면 죽음에 대해 점점 더 많은 걸 알수 있겠지. 아무것도 모르면서 막연한 공포를 갖는 것보다는 되도록 많은 걸 아는 게 위안이 될 수도 있어. 러셀도 그랬다잖아. "두려움을 정복하는 것이 지혜의 시작이다"라고. 뭐, 위안이 되지 않으면 또 어쩌겠어. 할 수 없는 노릇이지. 상대는 '죽음'인걸.

나는 누구인가. 나는 물질의 영역을 벗어나 존재하는가, 아니면 온전히 물질인가. 나는 내 몸의 주인인가, 아니면 내 몸의 신호인가. 물질은 어떻게 생명이 되었는가. 나는 자유로운가. 내 생각은 어디서부터 시작되는가. 생각은 나의 것인가. 본성과 생각은 다른가. 있음과 없음 가운데 어느 것이 본질인가. 우주공간에는 무엇이 있는가, 아니면 '없음'이 있는가. 왜 아무것도 없지 않고 무엇이 있는가. 변함과 불변 중 어느 것이 본질인가. 변한다는 것은 무엇 때문인가. 아름다움이란 무엇인가. 선한 것과 아름다운 것은 같은가. 사람은 뭘 위해 사는가, 살아야 하는가. 사람은 어떻게 살아야 하는가. 사람의 본성은 선한가, 악한가. 선과 악은 판단 불가인가. 생명과 죽음은 어떤 관계인가. 시간은 무엇인가, 실체가 있는가, 아니면 상징인가, 허상인가. 시간은 흘러가는 것인가. 사람은 우주의 어디까지 볼 수 있는가. 신은 무엇인가. 세상과 나는 어떤 관계인가. 나는 세상을 어떻게 살아갈 것인가……

이런 심술궂은 질문들이 철학의 질문들이야. 한번 질문을 시작하면 그만둘 수가 없어. 잘 모르면서 멈춰버리면, 뭐랄까, 찜찜해서 말이야. 그런데 이 질문에 내가 완벽한 답을 낼 수 있을까? 아니, 누구라도 완전한 답을 내는 사람이 있을까? 그리고 누구라도 완전한 답을 듣는 사람이 있을까? '도인'이라면, 몇 년씩 면벽 수행을 하며 화두를 놓지 않았던 고승이라면 답을 낼 수 있을까. 그들은 아마 나름대로 결론을 내렸을 수도 있어. 하지만 그들 각자가 내린 결론은 그들 각자의 대답이야. 그게 결코 내 것이 되지는 않아. 나는 내 대답을, 내 자신에게 설명하기 위한 내 대답을 찾아야 해, 언제까지? 그냥 쭈욱~.

철학은 경이로움과 함께 시작한다

해답을 얻어나가는 방법은 여러 가지야. 바위 절벽을 맞대고 앉아 계속 물어나갈 수도 있고, 묵묵히 산을 오르며 물을 수도 있어. 그럴 때에는 순전히 내 머릿속만 전쟁터인 거야. 남들은 모르지만 내 머릿속은 언제나 포탄이 날아다니다 터지고, 그 파편이 살을 뚫고 박히고, 유독가스가 자욱하지.

어떤 사람들은 책에서 해답을 찾을 거야. 남들은 도대체 뭐라고 했나, 어디까지 해명이 되어 있나, 혹시 나 모르는 사이에 누군가가 정답을 도

서관에 숨겨놓은 거 아닐까. 그래서 열심히 공부해. 책이든, 스승을 찾든, 인터넷을 뒤지든. 어떤 사람들은 땀을 흘리면서 답을 찾기도 해. 고행을 하기도 하고, 노동을 하면서 답을 찾아가기도 하지.

고행은, 이미 석가모니가 검증해본 방법인데, 크게 효과적이진 않았던가 봐. 당시에는 진리를 찾는 사람들이 몸을 혹사하는 게 유행이었다지. 굶는 건 기본이고 잠도 안 자고 불 위를 걷고 채찍으로 맞고. 뭐라고? 여러분한테 채찍질을 부탁하면 신나서 도왔을 거라고? 휘이, 휘이, 진정해. 아무튼 그랬는데, 석가모니는 역시 쿨한 분이었어. 어느 날 고행을 단칼에 자르고 일어나 어여쁜 아가씨가 주는 우유를 마셨지. 아, 그래, 어여쁘다는 건 내가 만든 말이고, 이왕이면 어여쁜……, 어어, 뭐야, 그 야유의 눈길들은? 내가 설마 외모에 집착하는 경박한 취향을 가지기라도 한 거 같아서? 가죽만 남을 정도로 굶은 사람에게 우유를 따라 주는데 어여뻐 보이지 않을 리가 있어? 더구나 석가모니나 되는 위대한 성인의 눈에는 세상 모든 사람이 다 예쁘다는 말이지. 흠, 썰렁한 유머를 던졌기로서니 자기 머리칼을 쥐어뜯을 필요까진 없지. 어라? 그렇다고 내 머리칼을 뜯으러 나오는 건 뭐니? 희수야, 참아라.

그런데 말이야, 너무 엄살이 심한 거 같지 않아? 머릿속에서 전쟁이 나고, 고행을 하고, 땀을 흘리고, 미친 듯이 책을 봐야만(아마도 이 방법이 가장 어렵겠군!) 철학적인 질문의 답을 찾아가는 길이라고 하니까 말이야. 앞에서는 인간은 누구나 인간이기 때문에 철학의 질문들을 떠올리게 되고 평생 해답을 찾아가게 된다고 해놓고, 이제 와서 철학이 그렇게 어렵기만 한 길이라면 이상하지? 어렵고 재미없는 건 피하고 싶기 마련이거든. 그렇다면 혹시, 그래, 뭔가 치명적인 매력이 있는 건 아닐까? 그럴지도!

사실 어렵고 슬프기만 하다면, 끝없이 근심하면서 청승을 떨게만 한다면 철학이 무슨 매력이 있겠어? 그렇다면 철학은 우울증과 같은 말이 되겠지. 그러고 보니 실제로 철학자 가운데 우울증을 앓던 사람도 있네? 칸트나 키르케고르, 비트겐슈타인 같은 사람들은 신경쇠약이나 우울증을 갖고 있었대. 그렇다고 철학자처럼 보이려고 우울증 환자가 되지는 마. 질병은 개인의 문제지 철학의 속성은 아니니까. 아, 그보다는 경이로움에 주목하길 바라. 그저 무심히 지나쳤는데 어느 날 곰곰이 생각해보니 이전에 알던 사실이 완전히 틀렸다는 걸 알게 될 때가 있어. 좀 뜬금없지만, 홍길동도 그랬어. 홍길동이 살던 시대는 신분 계급 질서가 엄연할 때잖아? 다들 인간은 원래 계급이 있는 게 당연하다고 생각했을 거야. 그런데 홍길동이 곰곰 생각해보니 그건 완전히 틀린 생각이었지. 그래서 그렇게 외친 거야. "왕후장상에 씨가 어딨어?" 홍길동에게 이런 깨달음 뒤의 세상은 그 이전의 세상과 완전히 달라. 그래서 아리스토텔레스(Aristoteles, B.C. 384~B.C. 322)가 이렇게 말했대.

"철학은 경이로움과 함께 시작한다."

5

철학은
나와 세상에 대한
사랑이다

철학의 오지랖

철학은 말이야, 수학, 과학, 경제학, 의학, 문학 등의 이름이 붙어 있는 종착역에서 멈추지 않고 한 정거장씩 더 간 곳에 있는 기차역 같은 거야. 게다가 한 정거장 더 가는 길은 모든 역마다 서로 통하기까지 해. 그래, 솔직하게 고백하면 이렇게 비유와 상징을 빌려서 설명하는 건 좀 비겁한 태도야. 비유와 상징은 그럴싸하게 느껴지기는 하지만 함정일 수 있어. 결론을 내놓고 그에 맞춰서 각색한 연극 같은 거지. 대개는 결론을 바꿔서 만들어도 말이 되고. 그러니 비유와 상징에 쉽게 현혹되면 안 돼. 어이없이 금세 바보 된다고. 다만 내가 하는 비유와 상징은 해롭지 않아. 단지 좀 진부할 뿐이지, 슬프게도.

어쨌든 철학이 개별 학문에서 한 걸음 더 나아간다는 건 틀림없는 사실이야. 아니, 아니야! 나의 말실수를 용서하기 바라. 개별 학문에서 한 걸음 더 나아간다는 건 조금 오해할 만한 말이지? 마치 철학이 모든 학문의 최전선에 있다는 뜻처럼 들리겠어. 음, 한 걸음 더 나아간다기보다는 한 걸음 옆으로, 한 걸음 되짚어 안으로, 한 걸음 위로, 한 걸음 밑으로, 라고 말하는 게 옳겠지. 철학자는 각각의 학문 분야에 종사하는 학자들이 열심히 공부하고 연구하고 밝혀놓은 것을 부지런히 읽어. 그러고는 거기서 한 걸음 더 가서 뒤집기도 하고, 옆구리를 기웃거리기도 하고, 위에서 내려다보기도 하고, 투시를 해보기도 하고, 해부를 하기도 하고, 저만치 나가서 돌아보기도 해. 그러면서 과연 이것은 진리인가, 이 사실은 지금 여기서 어떤 의미가 있는가라고 물어나가지.

생물이란 과목을 보자. 생물학자들은 모든 생물이 게놈이라는 생명의 설계도에 의해 만들어졌다는 걸 밝혀냈어. 와, 대단하지? 그들은 이중나선으로 꼬인 디엔에이 모양의 색종이가 날리는 광장으로 카퍼레이드를 하며 인류의 환호를 들어 마땅해. 그런데 철학은 말이야, 꽃단장한 차에서 슬그머니 내려서 깊은 생각에 잠기지. 디엔에이의 정보대로 생명이 만들어진다고? 그렇다면 그게 생명의 본질인가? 최초의 설계도를 작성한 것은 누구의 의지인가? 최초의 단백질이 엉길 때, 그 움직임은 어디서 생겨난 것일까? 생명은 언제 시작된 것일까? 왜 생겨나고, 왜 움직이고, 왜 복제하고, 왜 죽는 과정이 생겼을까? 대체 생명이란 무엇일까?

역사는 또 어떻고? 역사학자가 작은 붓을 들고 끈기 있게 유물의 먼지를 쓸어가며 역사를 '읽어내는' 동안, 철학자는 그 옆에서 고뇌에 찬 표정을 짓지. 역사는 다만 무심히 변해가는 것인가, 아니면 진보하는 것인가? 역사를 움직이는 것은 누구인가, 무엇의 힘인가?

이렇게 말하고 보니 철학이란 오지랖 넓은 참견꾼 같지? 오만 데 기웃거리고 끼어들지. 그래서 철학을 '학문의 학문'이라고도 해. 학문 그 자체에 대한 학문, 질문 그 자체에 대한 질문이 바로 철학이지. 왜 그런가 하면 철학이 던지는 질문이 워낙 본질적이라서 그래. 일정한 대상이 있는 게 아니라 모든 것을 대상으로 삼으니까 말이야. 다른 학문들은 자기 연구 분야가 있잖아? 법학이면 법, 통계학이면 통계, 물리학이면 물리, 심리학이면 심리, 이렇게 대상에 따라 그 학문이 규정되지. 이런 점에서 철학은 일반적인 개별 학문과 달라. 사실은 바로 이 점이 철학을, '특별한 재능이 있는 어떤 사람들의 특기가 아닌 것'으로 만들어주는 거야.

철학은 그 어떤 과목들에서도 끝내 구할 수 없는 본질적인 질문을 던지는 것이고, 그 질문에 대한 답을 스스로 찾아나가는 과정 그 자체야. 이 말이 팍팍 꽂히듯이 이해되지는 않는다고? 이제 시작이라 그럴지도 몰라. 이해하기 어렵다면 그저 담백하게 감격하기만 해도 돼, 우선은.

반복해 말하지만, 결국 철학의 궁극적인 목표는 '나와 나를 포함한 이 세계'를 해명하는 거야. 그런 점에서 볼 때, 우리가 하려는 작업을 뭉뚱그려서 '인문학적 성찰'이라고 말할 수도 있어. 나와 내 세계를 '읽어내고' 싶기 때문이지. 내가 나라는 인간으로 태어나 살아가는 동안, 나는 나에게 최대한 나와 내 세계에 대해서 뭔가 납득할 만한 설명을 해주고 싶거든. 그렇기에 철학의 영역에는 한계가 없어. 나와 내 세계를 설명해 내기 위해서는 모든 영역이 필요하지. 왜냐하면 우리는 하나이면서 곧 전체니까. 와, 이렇게 말하니까 무슨 도사님 말씀 같지 않아? 그렇게 들려도 할 수 없어. 진리를 표현하는 말은 간결하거든! 또 도사님 말씀~. 어쨌든 진실을 알려면 되도록 많은 영역에 두루 관심을 가져야 하지 않을까 싶어. 그건 이런 거지.

과학과 철학 사이 : 나만의 '성찰 렌즈'

어느 날 '나'라는 존재가 이 세상에 생겨났고, 그 '나'는 어느 날 나 자신과 내가 포함된 이 세상에 대해 '왜?'라는 질문을 떠올렸어. 그런데 어떡하지? 이 세상에 '나'와 '나의 세계'에 대한 연구는 어마어마하게 많더란 말이지. 생리학, 생물학, 미생물학, 의학, 유전공학, 심리학, 인류학, 역사학, 사회학, 미학, 종교학, 소립자물리학, 천체물리학, 역학, 화학, 지학, 수학……. 또, 또 그런다. 미희야, 하품을 할지 눈을 흘길지 얼른 마음을 정해. 둘을 동시에 하니까, 내 말이 지루한 건지 반감을 불러일으킬 만큼 자극적인 건지 분간할 수 없잖니~.

아무튼 이렇게 여러 과목을 나열하다 보니 나를 포함한 이 세상에 대한 거대한 질문에 가장 크게 기여하는 과목은 과학인 거 같지? 그런 측면이 있어. 과학의 대상은 세상의 모든 현상이니까. 그래서 세상을 이해하려면 인문학적 교양을 두루 쌓아야 하지만, 여기에는 과학의 교양도 포함되어야 해. 아, 아까부터 머리를 긁적이고 있는 철민이가 보이네. 그래, 네가 머리를 긁적이는 게 며칠 전 시도한 파란색 염색의 부작용이 아니라면, 너는 이렇게 묻고 싶은 게 분명해. 아까는 나와 세계를 이해하는 게 철학이라고 해놓고, 이젠 그게 과학이라고 말하는 건가요? 나와 세상을 이해하고 읽어내려면 오히려 과학만으로 족하지 않을까요? 오, 좋은 지적이야!

과학을 이해하는 건 중요해. 하지만 과학이 철학까지 담고 있는 건 아니야. 과학은 하나하나 밝히고 설명해주고, 때로는 의미까지 읽어주지만, 철학적 질문과 성찰까지 포함하는 건 아니지. 아까도 말했잖아. 세상을 읽어낸다는 의미에서 종착역이 같은 곳인 듯싶지만, 그 끝에서 살짝 레일이 갈라진다고. 과학자는 망원경과 현미경으로 세상을 바라봐. 까마득한 먼 곳도 바라보고, 아주 작은 것도 헤집고 들여다보지. 현상을 보고 그 원리를 설명하기 위해 모든 지식을 동원해서 가설을 세우고, 그

가설대로 적용해보고, 그 검증 결과를 도대로 새로운 이론을 세우는 게 과학의 작업이야. 그런데 철학하는 사람은 그 과학자가 관찰하고 계산해놓은 기록지를 보고 고개를 끄덕이면서도, 슬그머니 한쪽 호주머니에서 렌즈를 하나 꺼내 들어. 바로 자신만의 '성찰 렌즈'야.

철학자는 과학자가 말하지 않는 다른 질문을 제기하고, 보고서의 뒷면을 뒤져. 그런데 과학은 그 사이에도 쉼 없이 발달하지. 과학자들은 그제보다 어제, 어제보다 오늘, 오늘보다 내일이 되면 점점 더 많은 것들을 읽어내고 해명해낼 거야. 과학이라는 학문의 본질이 그래. 한편 철학은 끊임없이 그 도움을 받지만, 과학처럼 발달해가는 학문이 아니야. 발달해간다고 말하려면 이전의 이론을 뒤집거나 보태서 그 위에 새로운 이론을 세워나가야 하지만, 철학은 그렇지 않거든. 왜냐하면 처음부터 정답이 목표가 아니기 때문이지. 정답이 아니라 설명과 성찰이 목적이니 발달이라는 단어가 어울릴 리가 없어.

물론 철학을 하려는 사람은 나처럼 겸손하니까(그래, 절대 겸손하지 않게 말하는 철학자도 있어. "신은 죽었다"고 말한 니체처럼. 하지만 니체는 신의 지위를 빼앗으려고 의도적으로 그런 데다가 덕분에 철학에 매료된 많은 '초인超人 광팬'이 나왔으니, 그의 철학적 오만은 눈감아주자고.), 우리는 과학을 포함한 모든 학문의 성실한 보고서를 진심에서 우러나오는 감사한 마음과 겸허한 태도로 받들어 배워야 해. 그리고 영화 〈슈렉〉에 나온 장화 신은 고양이처럼 천진무구한 눈망울을 굴리며 이런 본질적인 질문을 던지는 거지.

"그래요, 알겠어요. 그런데 왜요? 그 의미는 무엇이지요? 30억 염기쌍의 조화로 나라는 생명체가 만들어졌는지 알겠어요. 그러면 30억 염기쌍의 서열을 다 분석해서 기술해놓은 이 해독서가 바로 나인가요? 아, 아니라고요? 더 알아내야 한다고요? '나'라는 대상이 있으니까, 어쨌든지 자꾸만 알아가다 보면 점점 더 많이 알게 될 거라고요? 알았어요. 그런데 일반명사로서 인간인 나는 자꾸만 더 많이 알게 되겠지만, 이 우주 어디에서도 존재한 적이 없었던, 앞으로도 다시 존재할 리가 없는 특별한 '나'는 얼마나 알 수 있을까요? 그리고 '나'는 왜 나라는 대상을 알고 싶어 할까요? 아, 알았어요. 인간이 갖는 호기심의 발원지도 언젠가는 밝혀질 거라고요? 알았어요. 그렇게 자꾸만 자꾸만 밝히고 알려주시니 무척 고마워요. 하지만 질문은 멈추지 않을 것 같아요……."

때로는 철학의 질문이 과학 탐구의 주제가 되기도 하고, 과학의 질문이 철학의 주제가 되기도 했어. 그래서 뛰어난 과학자이면서 동시에 철학자였던 인물들이 많지. 물론 지금도 그렇고. 나와 세상을 설명해보려는 소망이 본질적으로 같은 것이라서 그렇겠지? 동서양을 막론하고 철학의 시작은 과학적 호기심과 같이 섞여 있었던 거 같아. 철학은 "세상이 무엇으로 이뤄져 있는가, 어떤 원리로 운행되는가?" 이런 질문으로 시작되었거든. 그걸 과학이라고 하겠어, 철학이라고 하겠어? 철학이면서 과학이고, 과학이면서 철학이겠지.

아무튼 최선을 다해서 세상을 읽어나가려 했던 그 동종 업계 종사자

분들께 무한한 애정을 픽픽 보내면서~, 세상을 읽는다고 할 때 빼놓으면 안 될 중요한 의미 하나, 조심스레 덧붙이려고 해.

치열하게 질문하고, 행동하고, 책임지기

우리가 '그 어떤 날'부터 품게 된 의문은 우리가 죽을 때까지 풀어나가야 하는 기나긴 숙제야. 그리고 불길한 예감이지만 아마 우리가 죽을 때까지도 "아, 나는 모든 걸 다 알았다!"고 외칠 수 있는 날은 오지 않을 거야. 우리는 단지 그저 끝없이 묻고, 답을 찾아내고, 또 묻고 할 뿐이지.

여기서 주목할 게 있어. 철학을 하게 되면 내 소속은 경계가 없어지고 무한히 확장된다고 말했지? 그래서 내 유일한 소속은 우주라고 했잖아. 그렇다고 해서 내가 내 주변의 울타리에 무관심해진다는 말은 아니야. 나와 내 주변, 내 우주는 모두 하나의 전체를 이루고 있기 때문이지. 내가 이 세계와 우주에 대해 모든 학문을 동원해서 알고 싶은 것도 그런 이유 때문이 아니겠어? 실은 이 세계, 이 우주는 바로 나의 껍데기일지도 몰라. 아주 두꺼운 껍데기지. 내가 이 세상을 바라보고 느끼는 동안은 말이야. 그래서 나는 내가 나를 궁금해하듯이 내 세계도 궁금하고, 내가 나를 근심하듯이 내 세계도 근심하는 거야.

그리고 또 하나 주목할 게 있지. 이 세상에 '나'는 오직 '나' 하나이고,

'나'는 반복되지도 않아. 그래서 나는 살면서 나를 아주 소중하게 써먹어야 해! 그런데 세상에는 이런 '나'가 참 많더란 말이야. 모두가 세상에서 유일한 '나'들이니까. 지금 살고 있는 '나'들은 이 우주가 탄생하고 138억 년(얼마 전까지만 해도 137억 년이라고 했는데 1억 년을 보태다니, 과학의 실력은 참 대단하지?) 만에 생겨난 '나'들이야. 이 수많은 '나'들이 살아가는 이 세상 또한 반복되거나 복제되지 않는 유일한 세상이고(물론 다중우주론에서는 그렇게 말하지 않지.). 그러니 우리는 수많은 우리 곁의 '나'들에게 친절해야 해. 그래서 철학자는 자연스레 공동체에 관심을 두게 되는 거야. 그리고 그게 철학의 의무이기도 해. 철학을 한다면서 자기가 사는 세상에 관심이 없다면 그건 게으르거나 교만하거나 생각이 짧은 거야. 아니면 '가짜'거나! 어떻게 '존재'에 대해 본질적인 질문을 던진다면서, 그 존재들이 사는 방식에 관심이 없을 수 있겠어? 게다가 사는 곳과 사는 시대의 논리가 사람들의 의식까지도 흔드는데 말이야. 그래서 철학자들은 정치와 사회에 관심이 많은 거야. 권력 구조와 문화 구조를 살피고, 그 안에 부조리한 점이 있으면 큰소리로 발언하지. 이렇게. "저기요, 이의 있는데요~?"

우리가 철학을 한다고 해서 점잖게 고담준론(씩이나!)을 펼치며 뜬구름이나 잡고, 만날 지구 밖의 여행에만 몰두하는 게 아니라는 말이지. 철학은 치열해야 해. 내가 태어나 지금 여기에 살고 있는 이상, 나는 나와 내 세계에 책임이 있어. 그런 의미에서 근대의 철학자이자 혁명가인 마르크스(Karl Marx, 1818~1883)가 이렇게 말한 뜻을 새겨둘 필요가 있지.

"철학자는 이제까지 세계를 해석했을 뿐이다. 문제는 세계를 바꾸는 것이다."[*]

나와 내 세상을 치열하게 알아나갈 것. 그리고 나와 내 세상에 치열하게 발언할 것. 치열하게 행동할 것. 그래서 내가 산 만큼 내 세상을 만들 것. 이게 중요해. 왜냐고? 나는 나와 내 세계를 이미 사랑하기 때문이 아닐까. 내가 나를 포기하지 않고 백 년 남짓(요건 다분히 희망 섞인 기대치야. 후후.) 나로서 산다면, 그리고 그게 유일한 나의 전부라면 어떻게 나와, 내가 살게 된 이 세계를 사랑하지 않을 수 있겠어? 그런데 사랑이라는 말을 하니까 문득 '철학'이라는 말이 사랑과 함께 시작되었다는 사실이 생각나는군.

---

[*] 이 글귀의 출전은 마르크스가 지은 〈포이어바흐에 관한 테제〉('에릭 홉스봄, 이경일 옮김, 《세상을 어떻게 바꿀 것인가》, 까치글방, 2012년'에서 재인용)인데, 마르크스의 묘비에도 쓰여 있는 문장이래.

· 2부 ·
내 안에 빛나는 철학의 시간들

1

시작보다 앞선
이야기

신에서 인간으로, 구름 위에서 땅 위로

지금 우리가 쓰는 철학(필로소피philosophy)이라는 말은, '지혜를 사랑한다'는 뜻의 고대 그리스어 '필로소피아philosophia'에서 유래해. '사랑한다'는 '필로스philos'와, '지혜'라는 '소피아sophia'를 합친 말이지. 지혜를 사랑한다니, 좀 오글거리지? 하지만 상상해봐. 2700여 년 전, 그리스의 아테네 거리야. 언제부턴가 거리엔 좀 이상한 사람들이 나타나기 시작했어. 그들은 고개를 숙이고 걸으며 골똘하게 생각에 잠기기도 하고, 몇이서 머리를 맞대고 해가 저물 때까지 격렬하게 토론하기도 해. 하늘의 별을 올려다보기도 하고, 흐르는 냇물을 하염없이 내려다보기도 하지. 날씨가 어떨까, 속 썩이는 아들놈을 어떻게 응징할까 고민하는 것 같지는 않아. 그들은 '세상의 근원은 무엇인가?' 같은, 뭔가 본질적인 질문을 던지고 그 해답을 찾기 위해 끙끙대며 고민하고 토론하는 생활을 즐겼어.

농사꾼이나 정치가와는 다른 그들은 '생각꾼'이라고 부를 만했어. 사람들은 '공부와 생각'에 푹 빠져 있는 그 생각꾼들을 가리켜 '지혜를 사랑하는 자들'이라고 부르기 시작했지. 이른바 '철학자'의 탄생이야. 그러니까 '철학'이라는 이름의 저작권은 2700여 년 전 그리스 사람들에게 있는 셈이지. 그렇다고 그리스인이 철학을 '발명'한 건 아니야. 인류가 그때까지 아무 생각 없이 살다가 2700여 년 전 고대 그리스에서 갑자기 철학적 질문을 떠올린 건 아니겠지? 20만 년 전 아프리카 탄자니아의 한 협곡에서 현생인류의 조상 '이브'의 손을 잡고 함께 걸어간 어떤 남정네도(혹은 여인네도) 밤이면 존재의 고독감에 하얀 눈물을 흘렸을 거야. 다만 고대 그리스에서 철학이라는 과목을 만들었고, 그 과목의 전담자들이 생겨났다는 말이야.

자, 그럼 고대 그리스에서 그 이름의 학문이 시작되기 전에 철학은 어떤 과정을 거쳐 생겨났는지 거칠게나마 상상해보자고. 철학의 시대 이전에는 이야기의 시대가 있었을 거야. 어디나 문명의 초기, 그러니까 사람들이 자기 역사를 글로 기록하기 전에는 긴 세월 입에서 입으로 전하는 이야기의 시대가 이어지기 마련이지. 크고 멀고 화려하고 무시무시하고 엄청 흥미진진한 이야기들이 노래로, 흥얼거림으로, 주문으로 전해졌겠지? 동서양을 막론하고 이야기의 시작은 언제나 세상이 어떻게 생겨났나 하는 것이고, 그 다음은 사람은 어떻게 만들어졌나 하는 거였겠지? 어쨌든 세상이 있고, 사람이 있어야 그 안에서 뭔가가 벌어지지 않겠어? 먹고사는 일 말고 사람들이 뭔가를 생각할 때 가장 먼저 드는 궁금증이 바로 그것이었다는 뜻이지.

그런데 세상을 만들 때 각종 '신'들까지 세트로 만들었던 거야. 그때 창조된 세계는 대개 신들의 세상이었거든. 인간은 그 신들이 만들었든지, 아니면 부록이나 옵션으로 끼어들었던 것 같아. 어이쿠, 슬슬 졸다 일어난 미진이가 눈이 동그래졌네? 사실이 그렇다는 게 아니라 이야기가 그렇다고. 신화의 이야기들이 대체로 그랬다는 말이야. 사실이 그렇다면 뭣하러 생각이란 걸 하겠어? 신에게 다 맡기고 인간들은 굿이나 보고 떡이나 먹으면 되지. 아, 말해놓고 나니까 정말 그러네. 그 까마득한 이야기의 시대에는 '신'들이 철학적 질문에 대해 대답해줬을 거고, 그 담당자는 제사장이나 신관들이었어. 그때에는 나와 세상이 생겨난 것도 신의 뜻이었고, 그 운행도 신의 뜻에 따르는 것이니, 신의 피조물인 나는 다른 의문을 가질 필요가 없었겠지? 세계에 의문을 가질 게 아니라 오직 신의 뜻을 읽어내는 데 정신을 쏟으면 될 테니까. 신이 살라

하면 살고, 신이 죽으라 하면 죽으면 되니, 너는 누구냐는 질문을 새삼 던질 필요가 없던 시대였을 거야. 이건 동서양 모두에서 똑같아.

그러다 언젠가부터 인간은 신들을 신의 세계로 돌려보내고, 인간 세계의 논리를 찾기 시작했어. 왜 그랬을까? 대체 왜 그랬을까? 좋아, 모처럼 세환이가 손을 번쩍 쳐드네. 그래, 뭐라고? 아, 노는 물이 달라서라고?! 흠칫, 쏟아지는 이 박수 세례는……, 절, 대, 공, 감?

듣고 보니 그럴듯해. 단정할 순 없지만, 결국은 그런 게 아닐까? 사람들은 드디어 자기네가 사는 곳에 관심을 쏟기 시작했어. 신들이 노는 물과 인간이 노는 물이 다르단 걸 알아차린 거지. 신의 뜻이라고 결론짓고 치워버리기에는 뭔가 석연치 않은 게 너무 많은 거야. 머리 조아리고 "신의 뜻이다!" 하는 말을 듣고 있을 때에는 그럴싸했는데, 돌아서자마자 고개가 갸우뚱해지면서 결국 궁금증을 하나도 풀지 못했다는 걸 깨닫게 되거든. 그래서 사람들은 땅 위의 세상, 곧 자기가 살고 있는 바로 그 세상과, 자기네가 살아온 바로 그 역사를 주목하기 시작했어. 슬슬 철학이 움트는 순간이지.

우연의 일치일까? : 세계를 관통하는 철학

고대 그리스 사람들의 경우만 봐도 이 과정은 미루어 짐작할 수 있어. 신들은 치고받고 복수하고 질투하고 사랑하는 그들만의 세계 속에서 '놀고', 인간은 인간의 세상에서 짧고 굵게 '살아간다'는 걸 알아버린 거지. 게다가 고대 그리스 신화에 나오는 신들이 좀 말썽꾼이야? 한없이 어리석기도 하고 못되기도 하고. 그러니 세계에 대한 설명을 변덕스럽고 찌질한 그들에게 맡겨놓을 수 없겠지? 그러다 보니 인간의 머리와 가슴으로 세상을 설명해보려는 '생각꾼'들이 생겼고, 그들의 독특한 행동과 말이 젊은이들의 가슴을 파고들었어. 이렇게 해서 고대 그리스에는 철학자들의 시대가 있었고, 그때 유행하던 학문을 '철학'이라 부르게 되었다는 말이야. (참고로 서양의 필로소피를 '철학哲學'이라는 단어로 옮긴 사람은 일본 학자 니시 아마네(西周, 1829~1897)야. 필로소피를 번역할 때 한자 '명석할 철哲'을 가져다가 쓴 거지.)

그런데 여기서 잠깐 짚고 넘어갈 게 있어. '철학'이라는 과목명이 그리스에서 생긴 건 사실이지만, 실은 그 이름이 아니라 내용을 놓고 보면, 그 무렵 동양에서도 철학이라고 부를 수 있는 학문이 생겼거든. 단지 철학이라는 문패만 걸지 않았을 뿐이지 내용 면에서는 동양에서도 본격적인 철학 수업이 시작되었다고 볼 수 있어. 뛰어난 사상가가 나오고, 그를 따르는 제자가 생기고, 그래서 학단이 형성되고, 그 영향력이 사상계 전반에 미쳤지. 제자백가나 공자와 맹자, 노자, 장자라는 이름을 들어봤지? 유학이니 노장학이니 하는 말로 불렀지만 그게 바로 철학의 시작이었거든. 그러니까 서양에서 철학이 시작되었다고 단정하는 건 정확한 말이 아니야. 과목 이름의 저작권은 거기에 있다. 그 정도로 이해하면 되겠지.

그런데 동서양에서 비슷한 시기에 철학이 시작되었다는 게 희한하지 않아? 뭐지, 그 뚱한 표정들은? 속으로 '그게 희한해야 하는 일인가요?' 하며 머뭇거리는 표정이 역력해. 희한하지 않다면 그게 더 희한해. 어서 희한해하라고. 어때, 희한하지? 강요에 의해 희한해지는 게 정말 희한하지? 아, 미안. 철학의 아버지뻘 되는 분들 이름이 나올 때가 되어서 말이야. 주목하라는 뜻에서 희한한 소리를 좀 했어.

아무튼 말이지, 서양에서 철학의 원조들이 활약하던 바로 그 시기에, 동양에서도 같은 일이 벌어지고 있었다는 거야. 철학의 아버지쯤 되는 소크라테스와 플라톤, 아리스토텔레스가 살았던 때가 기원전 5세기 후반에서 기원전 4세기쯤이거든. 그리고 동양에서는 석가모니가 기원전 6세기에, 공자가 기원전 6세기에서 5세기에, 묵자, 양주, 장자 등이 기원전 5세기에서 3세기에 걸쳐 활약했어. 동서양 모두 철학의 강물이 흐르기 시작한 때가 엇비슷한 게 참 신기하지? 그래서 야스퍼스는 이 시기를 앞뒤로 기원전 900년부터 기원전 200년까지의 시기를 특별히 '축의 시대Axial Age'라고 불렀어. 정신문명의 중심축이 되는 시대라는 뜻이야.

야스퍼스뿐만 아니라 많은 사람들이 세계의 주요한 종교와 철학이 탄생한 이 시기를 인류 문명사에 있어서 가장 경이로운 때로 일컬어. 단지 우연히 시대가 겹쳤는지 아니면 인류의 생물학적 발달에 따라 필연적으로 등장한 단계인지 모르겠지만, 인간이 자신과 모든 생명과 세계에 대해 아주 치열한 사유를 하고, 그것을 평생의 과업으로 삼은 사람들이 한꺼번에 생겨났다는 건 아주 흥미로운 일이야. 그리고 그걸 존중하는 사회 분위기가 만들어졌다는 것도 주목할 만한 일이고. 그렇지만 사람의 생각이란 어느 날 문득 돌연변이로 바뀌는 게 아니라 그때까지 쌓인 것을 밑절미로 해서 진화해간다고 치면, 동서양을 막론하고 인류의 역사가 그쯤 되었을 때 종교와 철학의 시대가 열렸다는 게 완전한 우연은 아닌 거지. 어때, 그럴듯하지?

거인의 어깨 위에서

재밌는 건, 우리가 가지기 시작하는 철학적 질문들, 그러니까 생명과 우주에 관한 소박한 질문들이 이미 이천 몇백 년 전에도 똑같이 시작되었다는 얘기야. 그래, 겨우 이천 몇백 년 동안 사람이 뭐 그렇게 많이 달라졌겠어? 물론 사회구조나 살림살이는 많이 달라졌지만, 생물학적으로는 별로 달라진 게 없을 테지? 그러니 생각의 흐름도 비슷비슷할 거야. 다만 지금 우리는 이천 몇백 년 세월 동안 인류가 쌓아놓은 엄청난 지식을 기반으로 해서 생각한다는 게 다를 뿐이야. 누구 말대로 '거인의 어깨' 위에 올라가서 보는 셈이지.

크게 보면 몇만 년 전부터 쌓아온, 더 크게 보면 수백만 년 전 '호모속屬'의 원인류부터 쌓아온 지적 토대가 바로 우리가 올라앉은 거인의 어깨야. 우리는 언덕 위에 앉아 있는 거인에게 "안녕하세요? 그동안 열심히 공부하고 생각해주셔서 감사합니다. 양해를 해주신다면, 이제 당신을 살짝 밟고 올라서겠습니다"라고 마음을 담아 인사하고, 거인의 무릎과 허리를 사뿐히 밟고 올라가는 거야. 저런~! '사뿐히' 대목에서 울상이 되는 무거운 친구들이 좀 있을 거 같은데? 뭐, 거인은 워낙 커서 그런 걱정은 접어둬도 괜찮아. 그런데 한 발씩 올라서면서 고대 철학자들의 생각을 되짚어보면 우리가 한때 가졌던(그리고 가지고 있는, 그리고 앞으로 가질) 질문의 목록이 순서대로 등장하는 걸 보게 될 거야. 그래, 짐작한 대로, 우리는 결국 그 생각들을 한 발 한 발 딛고 올라서서 우리의 세계를 바라보는 거거든. 인류 전체의 계통적 생각의 흐름이, 나라는 개체의 머릿속에서 축약되어 흐르는 거야. 아, 그래서 생물학자들이 "개체발생은 계통발생을 반복한다"고 했나 봐. 무슨 소리냐고? 아, 뭘 다 알려고 해? 남이 하는 말을 샅샅이 다 알고 싶어 하는 건 지적 허영이야, 그건 약도 없는 중병이라고!

어깨를 밟고 올라선다고 생각하니 주체할 수 없는 감사의 마음이 퐁퐁 솟아나는군. 정말 얼마나 고마운 일이니? 나무 열매 따고 물고기 잡는 일만 해도 엄청 바빴을 텐데, 성질 급한 짐승들하고 싸우는 일만 해도 엄청 힘들었을 텐데, 불씨를 꺼뜨리지 않으려고 호호 부는 일만 해도 엄청 고되었을 텐데, 우리 조상들은 무릎을 감싸 쥐고 앉아 별을 스치는 바람 소리에 가슴앓이를 해가면서 때때로 철학적 상념에 빠졌고 그 전통을 수많은 세월 동안 이어왔잖아? 절로 고개가 숙여지지 않니? 뭐라고, 너무 진지해서 좀 우스꽝스럽기조차 하다고? 오호라, 이제야 슬슬 나의 진가를 이해하기 시작하는군. 맞아, 진지함과 웃음을 두루 갖추는 건 아무나 가질 수 있는 능력이 아니야. 어라? 민철이가 입술을 지그시 깨물고 슬리퍼 한 짝 쳐들었네? 호호, 얘기가 지루하면 사소한 꼬투리라도 잡고 싶어지는 법이지, 다 이해해. 난 관대하니까~.

2

서양철학의 아침

소크라테스 이전 자연철학자들

이제 서양철학의 서막을 연 고대 그리스 철학자 몇몇을 호명해서 얼마나 개성 있는 인물들인지 살펴보자고. 앞서도 말했듯이 서양철학은 고대 그리스에서 시작되었는데(물론, 다시 강조하지만 '철학'이라는 과목의 시작을 말하는 거야. 그 이전 사람들에게는 철학적 사색이 없었다고 말하는 게 아니라~), 그때의 철학자는 동시에 과학자이기도 했어. 세상은 무엇으로 만들어졌을까? 이 질문과 함께 철학이 시작되었거든. 그래서 그들을 자연철학자라고 불러.

그들은 세상의 형성에 관심을 두고 관찰과 사색을 거듭해서 세상을 이루는 근본 물질과 원리를 알아내려고 했어. 왜 '나는 누구인가?'라는 질문보다 '세상은 무엇으로 이뤄졌는가?'라는 질문이 먼저였는지는 잘 모르겠어. 아마도 자신들이 살고 있는 세상에 대해 아는 게 너무나 적었기 때문이 아니었을까? 개인적으로 '나는 누구?'보다는 '세상은 무엇?'으로 학문이 시작된 게 무척 마음에 들어. '나'라는 인물도 결국 자연의 한 구성원이니까 자연을 이해하지 못한다면 '나' 역시 이해할 여지가 전혀 없지 않겠어? 그래서 자연스럽게도 처음엔 세상의 구성, 자연의 질서, 이런 것에 철학적 관심이 갔던 거지. 인간 자신에게로 눈길을 돌리게 된 건 소크라테스에 가서였어.

그럼 우선 철학 교과서 맨 앞 장에 등장하는 고대 자연철학자들을 살펴볼까? 소크라테스를 서양철학의 아버지라고 하니까, 아버지의 선배들인 이들은 뭐라고 하면 좋을지 모르겠군. 어쨌든, 과학적 지식이 별로 없는 상태에서 이 난해한 세상을 이해하려고 한다면 누구나 이들과 비슷한 생각을 하게 되지 않을까 싶어. 자, 상상해봐. 누군가 지중해 연안의 바닷바람을 맞으며 턱을 괴고 앉아 세상을 바라봤겠지? 그런데 세상은 참 기묘하더란 말이야. 마구 흩뿌려놓은 흙무더기처럼 그저 무질서하고 어수선한 게 아니었지. 하루의 질서, 한 달의 질서, 일 년의 질서가 반복되고, 생명의 역사가 이어지는 걸 보면 '분명히 뭔가가 있는' 것 같거든. 세상은 그저 가나다로 모아놓은 백과사전이 아니라 정밀한 이론으로 잘 짜인 한 편의 각본 같았지. 그리고 그것을 지배하는 원리는 단순 명료할 거라 생각했어(이 대목에서 "Simple is the best!"라고 한번 외쳐주자고.). 엉켜 있는 실타래를 풀어보면 한 가닥의 실이 되듯, 복잡할 것 같은 일도 하나하나 풀어가다 보면 결국엔 단순한 하나의 원리만 남을 거라고 말이야. 자연계에 일정한 질서가 있고 그것을 예측 가능하게 기술할 수 있다면, 우리는 세상을 읽었다고 할 수 있지 않을까? 고대 자연철학자들은 그래서 세상의 근원을 탐구했고, 그 결과 나름대로의 설명서를 작성해나갔어.

철학 교과서에 맨 처음 등장하는 자연철학자는 아마 기원전 6~7세기 사람인 탈레스Thales일 거야. 그는 일식을 예언하기도 한 천문학자이자 뛰어난 측량사이기도 했어. 세계 곳곳의 소식이 오가는 항구 도시 밀레투스(지금의 터키 지역) 출신답게 항해술에도 뛰어났고 새로운 지식을 습득하는 데에도 부지런했던 그는, 세상을 관찰한 결과 '만물의 근원은 물'이라는 결론을 내렸지. 모든 존재는 물로부터 시작되었다는 거야. 그는 멍하니 하늘의 별을 바라보며 깊은 생각에 빠졌다가 우물에 빠졌다는, 지극히 '철학자'다운 일화를 남기기도 했지. 철학자 모델의 원조라고나 할까.

탈레스와 같은 지역 출신인 아낙시만드로스(Anaximandros, B.C. 610~?B.C. 546)는 인간이 물고기로부터 진화해 나왔다는 독특한 이론을 세웠는데, 그는 세상을 구성하는 근원은 '무한한 그 무엇'이라고 했어. 그리고 그의 제자인 아낙시메네스(Anaximenes, ?B.C. 585~?B.C. 528)는 모든 것의 근본 재료는 바로 '공기'라고 생각했지. 공기가 두꺼워지거나 얇아짐에 따라 만물이 만들어지고, 생명의 근원도 바로 공기라는 거야. 그는 지구가 공기 위에 둥둥 떠 있는 평평한 물체라고 설명하기도 했어.

짜잔~! 이제 드디어 알 만한 이름이 등장하는군. 바로 피타고라스 (Pythagoras, ?B.C. 580~?B.C. 500)야. 삼각형에 대한 '피타고라스의 정리'의 그 피타고라스 말이야. 우와, 대단하지? 여러분도 길이길이 이름을 남기고 싶으면 무엇인가에 대한 완벽한 '정리' 하나를 만들도록 해봐. 아니면 독특한 물건을 하나 만들든지. 물론 이상한 증상의 원조가 되어 '아무개 증후군'으로 이름을 남길 수도 있겠지만……. 아무튼 일찍이 '수'에 매료된 피타고라스는 세계를 만드는 원재료를 찾지 않고, 세계의 법칙을 찾으려고 했어. 그는 숫자야말로 만물의 표상이며, 숫자를 가지고 세상을 완벽하게 설명해낼 수 있다고 했지. 이 참신한 이론은 그 자신뿐 아니라 진리를 추구하는 다른 많은 사람을 감동시켰어. 엄격하고도 충성도 높은 피타고라스학파는 꽤 규모가 컸다고 해.

그에게는 세상을 모두 다 설명할 수 있는 가장 조화롭고 아름다운 원리가 바로 숫자였어. 숫자로 만물의 법칙을 설명해나가고, 그것이 척척 들어맞을 때마다 그를 감쌌을 희열이 느껴지지 않니? 그렇지만 피타고라스에게는 엉뚱한 면도 있었어. 그는 '콩'을 먹지 않았는데, 그 이유는 콩이 인간 생명과 닮았기 때문이래. 자신을 해치려는 자들에게 쫓겼던 피타고라스는 콩밭을 밟고 지나갈 수 없어서 멈춰 섰고, 그래서 죽음을 맞았다는군. 좀 허망하지? 가끔 콩밥이나 콩자반을 먹을 때, 세상을 설명하는 아름다운 숫자를 생각했던 피타고라스를 추모해보는 게 어떨까 싶어. 뭐, 그래서 콩밥이 싫어졌다고 하면, 엄마가 밥그릇을 거둬들일지 모르니까 조심하고.

이제 "같은 강에 두 번 들어갈 수 없다"라고 말한 철학자 차례로군. 그는 헤라클레이토스(Heracleitos, ?B.C. 540~?B.C. 480)야. 어제 내가 몸을 담갔던 그 강물은 이미 흘러가버렸으니, 내가 오늘 같은 곳에 가서 강물에 몸을 담가도 그 강은 '같은 강'이 아니라는 거지. 더구나 나 자신도 어제보다 하루 더 살았으니 어제와 '같은 나'가 아닌 셈이지. 그러니 그 누구도 같은 강에 두 번 들어가는 '같은 일'이 벌어지지 않는 거야. 이런 논리로 그는 "만물은 변한다"는 유명한 말을 남겼어. 그리고 변한다는 건 그 배후에 대립물의 투쟁에 의해 조화와 균형을 맞춰가려는 법칙이 있기 때문이라고 봤지. 그는 이런 변화를 반복하는 만물의 근본 실체는 바로 '불'이라고 하고, 인간에게 있는 그 불꽃을 '로고스'라고 했어.

이에 반해 파르메니데스(Parmenides, ?B.C. 515~?)는 치열한 논리적 사색 끝에, 모든 것이 변한다는 건 감각의 착각이라는 결론에 도달했어. 세상은 실체가 없이 그저 변하기만 하는 게 아니라 분명한 실재로서 처음부터 존재한다고 하면서, 만물은 아무것도 없던 것에서 새롭게 생성되거나, 있던 것이 없어지거나 하는 게 아니라고 했지. 다만 실재 세계는 오직 사유에 의해서만 이해할 수 있는 거대한 공 같다는 거야.

엠페도클레스(Empedocles, ?B.C. 490~?B.C. 430)는 세상의 근원은 하나가 아니라 넷이라고 했어. 불, 공기, 흙, 물의 4원소 말이야. 세상 모든 변화는 이 네 원소들이 모였다 흩어졌다 하면서 이뤄지고, 그 움직임의 원인은 사랑과 투쟁이라는 주장이었어. 사랑하면 모이고, 투쟁하면 흩어지는 거지. (그렇다면 사랑하는 것도 아니고 투쟁하는 것도 아닌 어정쩡한 우리 관계는 어떤 상태인 거지?) 그는 자신의 이 해석이 완벽하다고 생각했던 거 같아. 자신감이 조금만 부족했더라도 자신이 신이라는 것을 증명하려고 화산에 뛰어들어 죽지는 않았을 텐데 말이지.

이제 세상의 근원을 말할 때 빼놓을 수 없는 인물이 나올 차례야. 데모크리토스(Democritos, ?B.C. 460~?B.C. 370)지. 그는 물, 불, 공기처럼 이미 눈에 보이는 것들을 구성하는 더 작고 근본적인 알갱이가 있다고 생각했어. 이 알갱이는 영원히 존재하면서 끊임없이 움직이며 만물을 형성해. 사람마저도 이 알갱이로 이뤄져 있지. 만물을 형성하는 '더 이상 쪼갤 수 없는 것', 이게 무엇이냐. 눈치 빠른 사람은 얼른 알 수 있겠지? 바로 '원자'야. 오늘날 우리가 말하는 바로 그 원자와 같은 개념이지. 물론 지금은 원자 안의 구조까지 밝혀냈지만, 어쨌든 물질을 이루는 기본 입자는 원자거든. 실험과 관측에 의하지 않고 순전히 생각에 의해 세상을 구성하는 기본 입자의 개념에 도달했다는 사실이 놀랍지 않아?

이렇게 한참 동안 세상의 근본 물질 찾기에 몰두하던 사람들은 슬슬 관심을 인간 자신에게로 돌리기 시작했어. 사람의 생각과, 그 생각의 표헌법에 대한 전문가들이 나타난 거지. 그들은 말하기 기술의 달인을 자처하면서 돈을 받고 웅변술 등 수사학을 가르쳤는데, 이들을 '소피스트'라고 불러. 집회나 법정에 설 일이 많았던 당시에는 말을 잘하는 기술이 무엇보다 유용했거든. 그렇지만 본질적인 사색 없이 기교만 현란한 수사학이란 사람들에게 곧잘 조롱의 대상이 되기 일쑤였대. 독사처럼 세상에 해악을 끼치는 헛바닥 놀음이라는 거였지. 말장난은 예나 지금이나 요주의 대상이야. 다만 "인간은 만물의 척도다"라고 말한 프로타고라스(Protagoras, ?B.C. 485~?B.C. 410)를 기억해둘 만해. 그런데 이 말은 인간이 절대적인 기준이 된다는 뜻에서 한 말이 아니라, 오히려 보편타당한 진리는 없다는 회의주의에서 나온 말이야. 사람마다 판단이 다르니까 말이지.

소크라테스 시대가 열리다

지못미 소크라테스

자, 이제 악처 크산티페의 무능한 문제적 남편이자 아테네의 괴짜, 소크라테스(Socrates, ?B.C. 470~B.C. 399)를 만나보자. 못생긴 데다가 남루한 옷, 맨발의 철학자인 소크라테스는 아테네 사람들에게 관심의 대상이 었던 거 같아. 때로는 교묘한 말솜씨로 잘난 체하는 소피스트들에게 보기 좋게 한 방 먹이기도 하고, 그들과는 확연히 다른 교육법으로 젊은이들에게 인기가 좋았으니 말이지. 제자이자 광팬들을 몰고 다니는 사람이 자기 입으로는 "내가 아는 건 내가 아무것도 모른다는 사실이다"라는, 겸손하기 짝이 없는, 그래서 겸손하지 못한 사람들로 하여금 조롱받는다는 느낌에 소름이 확 돋게 만드는 말을 하고 다니니 더욱 '주목'받았겠지(라고 쓰고 '찍혔다'고 읽는다.). 게다가 그가 몰두하는 철학적 주제는 '선(착함)'이었어.

무엇이 '선'이고 무엇이 나쁜 거지? '선'이기 위해서는 옳아야 하고, 진짜여야 하고, 반듯해야 하고, 흔들리지 않아야 하겠지? 그런데 겸손하면서도 강직한 소크라테스는 아마도 그의 생각 자체가 갖는 위험성(사기꾼들이 많은 시대에 진실의 수호자는 위험인물로 간주되기 십상이니까.)과, 젊은 추종 세력이 늘어가는 것 때문에 시기와 질투, 요주의의 대상이 되었어. 결국 그는 젊은이들을 타락시키고 거짓된 신을 말한다는 죄목으로 재판정에 세워져 사형 선고를 받았지. 자존심 세고 고지식한 이 늙은 철학자는 도망치라는 친구의 권유도 뿌리친 채 독미나리즙(독당근즙이라고 주장하는 설도 있어. 당근은 내가 좋아하는 거니까 독미나리즙으로 할래.)이 든 독배를 마셨어. 그럼으로써 자기 신념과 자존감을 지켰지. 아, 참! 신의도 지켰어. 죽기 직전에 친구에게 부탁해 그의 인생에서 마지막 빚인 닭 한 마리도 갚았다니까. 소크라테스의 말은 그의 제자인 플라톤이 기록해 전해 내려오지. 역시 훌륭한 스승은 뛰어난 제자가 있어야만 이름이 남게 되나 봐.

아, 이 생각을 하니 가슴이 마구 뛰네? 여러분 기운데 누구누구 덕에 내 이름도 천년만년 남게 될 테니까. 응? 꿈 깨라고? 뭐, 아니면 말고.

그런데 소크라테스는 왜 사형을 받아들였을까? 스스로 그 죄목은 인정하지 않으면서 왜 그 형벌은 받아들인 거지? 그가 평생 몰두했던 '선'이라는 관점에서 볼 때 그의 결단은 어떤 의미를 갖는 걸까? 여러 가지 해석이 있겠지만 나는 잘 모르겠어. 여러분 생각은 어때? 그리고 한 가지 더 덧붙이자면, 흔히들 "너 자신을 알라"라는 말을 소크라테스가 처음 했다고 알고 있는데, 실은 델포이 신전에 새겨진 명언이었다는군. 물론 '자신을 성찰하라'는 건 소크라테스의 신념이기도 했지만, 어쨌든 저작권은 그에게 있지 않은 셈이지.

엄친아 플라톤

귀족 출신의 플라톤(Platon, ?B.C. 428~?B.C. 347)은 스승인 소크라테스의 재판과 죽음을 보면서 큰 충격을 받았어. 이후 그는 소크라테스의 사상을 대화 형식으로 자세히 기록하고, 직접 학교를 세워서 제자를 가르쳤지. 사회가 바로 서기를 바라는 사람은 무엇보다도 먼저 사람을 제대로 가르치는 데 집중하기 마련이거든. 그는 완벽하고 영원하며 불변인 진리의 세계가 있다고 믿었어. '이데아'의 세계가 그것이야. 플라톤은 이 세상은 단지 이데아의 그림자 세계인데, 사람들이 완벽한 이데아의 세계가 있다는 걸 모르고 그림자를 실재로 잘못 알고 있다고 말했지. 그래서 그가 생각한 이상 사회는 바로 그런 것들을 통찰할 수 있는 사람이 다스리는 사회야. 그게 누구인지 궁금하지? 바로 철학자야. 하긴, 자기 자신과 자기 패거리의 이익만을 위해 권력을 함부로 쓰는 권력자들이 많은 걸 보면, 철학자가 다스려야 한다는 플라톤의 말이 새삼스럽긴 해.

정리 정돈 아리스토텔레스

플라톤의 제자였던 아리스토텔레스는 스승과는 많이 달랐어. 이 세계는 그저 그림자에 불과하다는 플라톤과 달리 아리스토텔레스는 오직 발 딛고 있는 이 지상 세계에만 관심이 있었지. 완전한 진리란 저 멀리 이데아의 세계에 있는 게 아니라, 모든 사물 속에 들어 있다는 거야. 그는 이 세상을 구성하는 만물에 깊은 애정을 갖고 꼼꼼히 관찰하고 분류하는 작업에 공을 들였어. 아마도 분류벽이 있었던 그는 눈에 보이는 모든 것을 분류하고, 모든 생명은 그 자신의 완전한 형상을 이루려는 목적을 자신 안에 스스로 품고 있다고 했지. 특히 인간은 식물과 동물 위에 놓이는데, 그 이유는 인간에게는 생각을 할 수 있는 '이성'이 있기 때문이라고 했어. 그러니 이성으로 생각하지 않는 인간은 자기 목적을 저버리는 셈이지. 이러한 생각을 기반으로 그는 자신의 '윤리학'에 몰두했어. 자기 책상 서랍 속 하나도 깔끔하게 분류하지 못하고, 때로는 이성을 내려놓는 우리를 보면 그가 뭐라고 할까? 뭐, 그렇게까지 심하게 주눅 들 필요는 없어. 우린 그의 약점 하나를 알고 있거든, 훗!

애석히게도 그는 여성을 '아직 남성이 덜 된 열등한 존재'라고 분류했대(스승인 플라톤은 남녀평등을 주장했다는데 말이지.). 우~, 우~! 그래그래, 옆에 있다면 당장 따져보고 싶지? 심정은 이해하지만, 참아줘. 어설프게 따져보다간 되레 당할 수도 있어. 그에게는 저 유명한 '삼단논법'이 있거든. 사물뿐만 아니라 말과 개념까지도 잘 분류했던 그는 삼단논법을 발전시켜서 '논리학의 아버지'가 되었지. 논리학은 철학의 중요한 도구야. 그가 아무리 여성을 분류하는 데 실수를 저질렀다고 해도, 아직 우리의 빈약한 논리로는 그를 이기지 못할지도 몰라. 심정적으로는 안 그런데 말로는 감당할 수 없을 때, 우리는 대체로 이성을 잃고 미쳐 날뛰게 되지. 그러면 지는 거야~.

완전한 자유인 디오게네스

이 시대에는 빼놓으면 섭섭한 분이 한 분 계셔. 거지 같은 분이지. 아, 진정해. 철학의 시조들에게 설마 내가 욕을 하겠어? 더구나 세속적인 욕심이나 욕구가 하나도 없는, 완전한 무소유의 삶을 실천하는 기인이자, 그 무엇으로부터도 얽매이지 않은 자유혼의 소유자인 디오게네스한테 말이야. 그는 아무것도 가진 거 없이 길바닥에서 내키는 대로 먹고 자고 하면서, 자신을 스스로 구속하며 살아가는 모든 사람들을 조롱했어.

디오게네스와 알렉산드로스 대왕과의 유명한 일화는 아마 들어본 친구가 많을 거야. 디오게네스가 당시에 워낙 기인이자 현인으로 유명하니까 알렉산드로스 대왕이 그를 찾아갔대. 디오게네스는 언제나처럼 옷도 변변히 걸치지 않고는 크고 낡은 통 속에 쭈그려 앉아 있었겠지. 왕은 디오게네스를 내려다보며 물었어. "나는 알렉산드로스 대왕이오. 내가 당신을 위해 무엇을 해주기를 바라는가?" 디오게네스는 고개를 뻐딱하게 쳐들고 왕을 흘깃 쳐다봤어. 그러고는 퉁명스럽게 대꾸했지. "거, 햇볕을 가리고 있으니 좀 비켜서 주시기나 하면 고맙겠소." 통쾌하지? 집도, 옷도, 음식도, 명예도, 아무것도 필요한 게 없었으니까 왕이 온다 한들 전혀 비굴할 일이 없었지. 철학자는 지위나 돈을 보고 고개 숙이지 않거든. 오직 훌륭한 인격에게만 고개 숙이는 법이지. 모든 구속으로부터 자유로운 기인이라는 철학자 모델은 이후로도 심심찮게 볼 수 있어. 물론 동양에서도 말이지.

경건이냐, 쾌락이냐

에피쿠로스학파의 '고요한 쾌락'

여러분의 귀를 솔깃하게 해줄 철학자를 호명할 시간이군. 그의 이름은 에피쿠로스(Epicouros, B.C. 341~B.C. 270)야. 쾌락주의자이지. 그러나 에피쿠로스와 그를 따르는 사람들이 말하는 쾌락이란 지금 여러분이 생각하는 그런 쾌락이 아니야. 다들 얼굴에 홍조를 띤 걸 보니 방탕, 마음껏 즐김, 마구 놀기, 말초적 흥분, 뭐 이런 걸 떠올린 것 같은데, 미안하지만, 아니야. 그들은 원자론자였대. 인간은 원자가 모인 존재이고, 죽게 되면 그 원자들이 사방으로 흩어져버린다고 믿었지. 그래서 지금 여기서의 행복한 삶이 무엇보다도 소중하다고 했어. 행복하기 위해서는 과도한 흥분이나 고통으로 자신을 괴롭히지 않는 진정한 쾌락을 누리면서 살아야 하는 거야. 복잡하지 않고 단조롭고 한가하고 고요한 삶이야말로 그들이 추구하는 쾌락이었어. '고요한 쾌락'이라, 생각해볼 대목이지? 쾌락의 끝이 고통으로 일그러진 얼굴과 피폐해진 몰골로 남는 걸 많이 봤잖아? 에피쿠로스에 따르면 그건 쾌락이 아니야.

참고 또 참는 스토아학파

'어떻게 해야 잘 사는 것인가?'에 대한 관심은 에피쿠로스와 같았지만, 제논(Zenon, ?B.C. 335~?B.C. 263)을 따르는 스토아학파는 조금 다른 결론을 내렸어. 그들은 세상의 모든 일은 신의 뜻이라고 생각했거든. 신의 섭리에 따라 순응하며 살아가는 삶이 가장 좋은 삶이라고 믿었어. 개인적인 감정에 지배되면 신의 뜻을 저버리는 셈이 되니까 매사에 감정을 억누르고 참고 견디며 살아야 한다고 했지. 그래서 스토아학파의 생각을 금욕주의라 일컫기도 해. 뭐라고? 금욕이라니 턱도 없는 소리라고? 생각하기 나름이지 뭐. 한때 금욕주의자가 되어 보는 것도 자기 극복을 위해서 해볼 만한 일이지 않나? 그래, 한때! 한때 말이야!

3

동양철학의 아침

신화의 시대로부터

서양이나 동양이나 모두 본격적인 철학의 시대가 오기 전에는 신화의 시대가 있었다고 말했지? 세상에 대한 궁금증을 풀어주는 도구가 신화였던 거야. 당시에는 세상이 어떻게 생겨났고, 어떤 모양이고, 누가 이 세상의 주인들인지를 화려하고 풍부한 입담으로 풀어내는 사람들이 있었는데, 그들은 권력자들과 가깝거나 또는 스스로 권력을 쥐기도 했지. 제사장, 신관 등이 그들이야. 음, 늘 여기까지 말하고 나면 누군가가 눈을 희번덕거리면서 묻곤 하는데……, 희수야, 오늘은 너로구나. 그래,

그걸 묻고 싶은 거지? 제사장이나 신관 같은 사람들은 지금 우리 옆에도 많이 있는 거 아니냐고?

　이렇게 생각해보자. 아마 스님이나 신부님, 목사님에게 신(또는 절대자)의 뜻을 독점 전달하는 사람이냐고 묻는다면 뭐라고 답할 거 같아? 아니라고 대답하겠지. 그렇다고 대답한다면 그 사람은 사기꾼이야. 권력에 붙어 있거나 권력자와 가깝다? 그게 사기꾼이나 주술사라는 증거야. 모든 종교에서 강조하는 대로, 신은 인간 모두의 곁에 있거나 그 속에 있고, 종교는 힘들고 어려운 사람을 위해 있는 거야. 권력을 쥐고 힘으로 다스리기 위해 있는 게 아니란 말이지. 신이 스스로의 영광, 스스로의 호사를 위해 있는 게 아니거든. 사람들의 꽃을 빼앗아 자기 제단을 화려하게 꾸미려고 있는 게 아니라, 자기 꽃을 하나도 남김없이 나눠줘서 세상에서 가장 가난한 제단으로 남는 게 종교의 본래 뜻이야. 세상에서 가장 가난한 제단? 그런 게 어디 있느냐고? 그러게, 부패한 종교인들에 의해 종교는 위험하고 거대한 악의 축이 되기도 해. 이 대목에서 우리의 현실을 돌아보며 다 같이 비통한 한숨 한번 쉬자, 휴~우~!

　얘기가 비분강개 쪽으로 좀 흘렀지만, 어쨌든 신화의 세계와 종교의 세계는 좀 다른 길을 걷게 되었어. 주술사나 제사장, 신관들이 독점했던 신화의 세계는, 싯다르타나 예수, 마호메트 등이 등장하면서 만들어진 거대한 종교의 틀 속에 흡수되거나, 그 배경이 되거나, 또는 뒷방으로 물러앉거나, 딴살림을 차리거나 하게 되지.

그래, 아까의 한숨으로 희수의 의문에 대한 답이 되었으리라 생각하고, 하던 얘기를 마저 할까? 어디까지 했지? 아, 그래. 철학자들의 시대가 오기 전까지 신화의 시대가 있었다는 말을 했구나. 사람은 자기 시대의 한계만큼만 세상을 이해할 수 있으니까, 그때에는 그런 신화의 세계를 상상해야만 뭔가 세상을 납득할(또는 납득시킬) 수 있었겠지. 물론 엄밀히 따지고 들면 상상이란 것도 자기 시대의 틀을 반영할 수밖에 없어. 그러니까 상상으로 엮은 신화의 세계도 그것을 잘 들여다보면 그 속에서 그 시대, 그곳 사람들의 세계 인식, 자기 인식, 그런 걸 읽어낼 수 있지. 게다가 문명을 이루는 초기에 조상들이 엮어냈던 신화이기 때문에 인류 생각의 원형 같은 것들이 들어 있어. 신화를 읽는 일은 그래서 중요하고 재미있지. 족발이나 떡볶이는 원조를 찾아 헤매면서, 왜 이야기는 원조를 찾아보지 않는 건지 궁금해. 민석아, 갑자기 왜 짜증을 부리니? 아, 왜 먹는 얘기를 해서 괴롭히냐고? 그래, 마침 지루하던 참에 먹는 상상을 하니 눈빛이 달라지지? 그런 눈빛을 신화 읽기에도 보낸다면 자나 깨나 자식 생각만 하시는 여러분 부모님께서 얼마나 좋아하시겠어?

자연과 사람의 원리, 도

옛날이야기 속에서 비유나 상상으로 세상을 설명하던 시대가 지나면서 사람들은 슬슬 그때까지 스스로가 쌓은 지식을 바탕으로 세상을 설명하기 시작해. 과학적인 생각의 틀들이 쌓이기 시작한 거지. 동양에서는 비옥한 땅에 대규모로 정착해 살면서 고대 문명이 꽃피었고, 그 안에서 생각의 증폭이 일어났지. 티그리스 강과 유프라테스 강 유역의 메소포타미아, 나일 강 유역의 이집트, 인더스 강과 갠지스 강 유역의 인도, 그리고 황허 강 유역의 중국이 고대 문명의 발상지라는 건 들어봤지? 그곳에서는 풍부하고 화려한 신화의 세계를 거쳐, 문명을 토대로 철학적 사유도 시작되었어. 오늘은 특히 그중 중국을 중심으로 철학의 시작을 살펴보기로 하자. 왜 그러냐 하면 중국 철학이 우리나라의 철학적 전통과 직접적인 관련을 가질 뿐 아니라, 다른 곳은 아무래도 종교의 영역에서 말해야 하는 부분이 많기 때문이야.

일찍이 농경문화가 정착된 중국 지역에서 사람들은 자연스레 농사에 절대적인 영향을 미치는 자연의 질서에 관심을 가졌어. 그래서 발달한 천문학으로 자연의 질서를 읽고, 그것을 바탕으로 자연의 질서에 순응하는 생각의 틀을 갖게 되었지. 그들이 가진 생각은, 우주에 있는 모든 존재에는, 그러니까 하늘의 태양, 달, 별부터 땅의 나무, 강물, 바람, 사람을 포함한 뭇 짐승들까지 모든 존재에는 통일된 생성 원리, 통일된 운행 원리가 있다는 거였어. 농사를 짓는 일에는 예측할 수 있는 안정적인 자연환경이 무엇보다 중요하잖아? 그런 일정한 자연환경을 관찰하다 보니, 그 안에서 질서 정연하고 조화로운 법칙을 찾아내게 된 거지. 더구나 그 자연 질서는 인간의 질서와 본질적으로 같아. 왜냐하면 인간이란 존재는 누군가가 일테면 서양처럼 전지전능한 신이 자기 모습을 본떠서 창조한 것이 아니라, 세상이 생겨난 처음부터 모든 삼라만상과 함께 있는 자연물 그 자체라고 생각했거든. 인간 안에는 신이 투영되어 있는 게 아니라 바로 그를 둘러싸고 있는 우주, 곧 자연이 투영되어 있다는 거지.

인간 안에 우주의 섭리가 고스란히 들어가 있으니까 자연의 질서와 인간의 질서가 근본적으로 같다고 생각한 거야. 나아가 인간 사회의 운행도 우주적 질서와 같이 움직여가는 게 마땅하다고 봤어. 그게 자연스러운 거니까. 음, 여기서 자연스럽다는 건 그때의 사회구조를 염두에 두고서 한 말이야. 대가족 중심의 농경 사회였다는 걸 생각해주기 바라. 조화롭고 질서 정연한 자연처럼, 인간 사회도 그렇게 안정적으로 운행되는 게 좋지 않았겠어?

아무튼 고대 중국에서는 이렇게 공간과 시간을 통틀어서 우주 전체를 설명하는 원리, 이런 걸 읽어내려는 열망을 가졌고, 그 원리를 간결한 계산법으로 정리하고 싶어 했어. 《주역周易》이란 책의 이름을 들어봤니? 그래, 점을 치는 책으로 알고 있지? 물론 점도 치지만, 원래 《주역》은 고대 중국인들이 생각한 우주의 원리를 간결한 수식과 그림으로 표현해놓은 오래된 철학 서적이야. 대충 눈치챘겠지만, 우주의 원리가 '질서 정연하고 간결한 수식'으로 표현된다는 말은 무엇이겠어? 당연히 예측 가능한 일정한 패턴이 있다는 뜻이야. 그렇다면 지금 상황이 앞으로 어떻게 변해나갈지도 계산할 수 있다는 말이 되겠지? 그래서 점을 치는 데 쓰이게 된 거야.

동양에서는 이러한 우주와 인간의 원리를 '도'라고 했어. 그리고 도를 전담하는 사람들을 도사라고 불렀지. 정훈아, 네 생각은 어때? 인간을 포함한 우주를 꿰는 하나의 거대하고 완전한 진리, '도'가 있는 것 같아? 잘 모르겠다고? 그런 게 있는지 없는지도 모르겠고, 있을지 없을지도 모르겠다고? 와, 네가 이렇게 똑 부러지는 대답을 하다니! 졸지도 않고! 역시 훌륭한 스승 밑에서 훌륭한 제자가 만들어지는 법인가? 이게 무슨 금붕어에서 은비늘 떨어지는 소리냐고? 알았어, 그냥 넘어가자. 칭찬에 야박한 것들.

어쨌든 나도 정훈이 생각과 같아. 도를 깨쳤다는 숱한 도사님들이 있었지만, 그분들도 '도를 깨쳤다'고만 하지 '도가 있네, 없네' 말하지는 않았어. 굳이 물으면 있는 것도 없는 것도 아니니라, 그러겠지. 영리한 도사들은 결코 책임질 말을 하지 않거든. 모호해야 매력 있으니까. 그리고 그게 진실일지도 모르잖아? 아무튼, 그러니 길거리에서 슬며시 눈을 맞추며 다가와 "눈빛이 다르시네요. 뭔가 특별한 기운이 느껴져요"라고 은밀하게 말을 거는 사람이 있다면, 지금부턴 좀 다르게 대꾸해. "도를 아십니까?"라고 물으면, "잘 모르지만 다른 데서 배우겠습니다"라고 말하고는 머리칼을 휘날리며 얼른 내게로 달려와. 우리가 하고 있는 게 바로 '도'니까.

춘추전국시대 : 백 가지 철학이 꽃피다

중국에서 본격적인 학문으로서 철학이 시작된 시기는 기원전 770년에서 기원전 221년까지의 춘추전국시대야. 뭐지? 민영아, 서양철학의 서막이 열린 시기와 엇비슷하다고? 놀랍다고? 자다가 봉창 두드린다더니, 우리 민영이, 푹 주무셨쎄요? 아까 한참이나 얘기했거든요. 흠, 그렇다고 민망해하지는 말고~.

춘추전국시대에 대해 잠깐 말해보자. 기원전 11세기 때부터 300년 가깝게 중국의 지배자였던 주周나라가 무너지자 여러 나라가 세워졌다 무너지고 합쳐졌다 흩어지는 혼란의 시대가 시작되는데, 이 시기를 춘추전국시대라고 해. 당시에는 여러 나라가 제각기 중국의 패권을 차지하려고 치열하게 경쟁하던 때이다 보니, 국력을 키우는 데 도움이 되는 인재다 싶으면 지역이나 출신을 가리지 않고 지식인을 발탁해 갔어. 지식인의 주가가 이렇게 높았으니까, 세상에 대해 한마디쯤 하려는 사람들은 모두 나서서 떠들어댔겠지. 수없이 많은 지식인이 제각기 세상 다스리는 법을 목청껏 외치는, 이른바 백가쟁명(百家爭鳴, 여러 무리가 자신이 옳다고 논쟁하다.)의 시대였던 거야. 새롭게 떠오른 그 지식인 무리를 제자백가라 부르는데, 그중에는 뛰어난 사상가를 중심으로 제자와 추종자가 모이면서 커다란 학단을 이루는 경우도 많았어. 유가儒家, 묵가墨家, 도가道家, 법가法家를 대표적으로 꼽을 수 있지. 물론 그 가운데서도 가장 주목받았던 무리는 바로 공자, 맹자로 대표되는 유가였어. 유가 사상인 유학儒學은 이후로 이천 년 가까이 중국과 그 인근 나라의 사상과 사회, 문화에 가장 큰 영향을 미쳐왔지.

이천 년의 역사를 이끈 유학자들

영원한 스승 공자

몰락한 귀족 출신인 공자(孔子, B.C. 551~B.C. 479)는 평생토록 세상을 혁신하는 일을 꿈꿨어. 그는 당시의 시대를 모든 질서가 흐트러진 혼란기라고 진단하고, 옛 주나라 시대의 정돈된 질서로 돌아가야 한다고 주장했지. 평화롭고 조화로운 시대의 표준이 과거에 있었으니, 그 표준을 가져와 지금 이 시대에 구현하자는 게 그의 생각이었어. 공자에게는 그것이 혁신이었던 거야. '온고이지신(溫故而知新, 옛것을 익혀 새것을 앎)'이라는 말에 그의 사상의 핵심이 담겨 있지. 여기서 잠깐~! 흔히들 유학을 보수주의의 상징쯤으로 알고 있는데, 이 점을 지적하고 싶어. 보수란, 혁신하기보다는 지금의 질서를 그대로 유지하자는 태도야. 그 반면 공자는 현실을 바꾸자고 주장했으니 보수주의자가 아니야. 다만 그가 생각한 이상 국가의 모델이 과거에 있다는 점 때문에 그런 오해를 받았지. 그럼 지금 조선시대로 돌아가자고 주장한다면 뭐냐고? 뭐긴 뭐야, 망상이지!

공자는 그 뜻을 펴기 위해 오랜 세월 여러 나라를 돌아다니면서 자신을 뽑아 써줄 왕을 찾았지만, 결국 꿈을 이루지는 못했어. 만년에는 고향에서 제자들을 가르치고 교재를 정리하는 일에 전념했지. 자신의 사상이 제자들에 의해 펼쳐질 것을 기대했기 때문이야. 공자는 신분이나 능력을 가리지 않고 제자를 받아들여 자질에 따라 정성을 다해 가르쳤고, 세상을 혁신하려는 순수한 열망에 끝까지 충실했기 때문에, 제자들은 스승에게 깊은 존경심을 가졌어. 그 제자의 규모가 삼천 명이었다고하니, 정치가로서는 불우했지만 스승으로서는 그 누구도 이루지 못할 이름을 얻었다고 할 수 있겠지. 그래서 공자를 영원한 스승의 본보기라는 뜻으로 '만세사표萬世師表'라 일컬어.

《논어論語》는 공자의 제자들이 스승의 말과 행동을 꼼꼼히 기록한 책이야. 논어를 보면 공자는 이상적인 인간상으로 '군자君子'를 말했어. 군자는 교양과 인품, 사회에 대한 책임감까지 갖춘 인격체를 뜻해. 인문학적 교양을 두루 갖추고, 누구나 흠모할 만한 도덕적 인품에다가, 사회를 혁신할 비전과 능력까지! 착하고 세고 아름다운 사람! 그게 군자 스타일! 음, 좀 경박했나? 아무튼 군자가 목숨처럼 여기는 덕목은 '인仁'

인데, 마음이 어질다는 뜻이지. 남의 고통을 자기 고통처럼 여기고 두루 사랑을 베푸는데, 요란하거나 극성스럽지 않고 언제나 단정한 사람이 어진 군자야. 그러니까 어질지 못하다, 곧 모질다는 건 엄청 큰 욕이야. 공자는 죽은 뒤에 '문성왕'이라는 시호(죽은 이에게 붙이는 이름)까지 받았어. 위대한 성인이면서 왕 같은 존재라는 거지. 철학자가 왕이 되어야 한다고 주장했던 플라톤이 알았더라면 얼마나 부러워했겠어?

왕과 맞짱 뜬 맹자

맹자(孟子, B.C. 372~B.C. 289)는 공자의 뒤를 충실히 이은 인물이야. 공자에게서 직접 공부를 한 제자는 아니고, 제자의 제자였지. 맹자가 살았던 시기는 춘추시대보다 정치적으로 한층 더 혼란스러웠던 전국시대야. 예전이나 지금이나 정치가 혼란스러우면 죽어나는 건 힘없는 백성들뿐이겠지? 권력 있고 돈 있는 자들은 혼란을 틈타서 더 많은 권력과 더 많은 이익을 얻거든. 그들에게 혼란은 오히려 기회가 돼. 그러니 입으로는 평화를 외치지만 속으로는 세상이 계속 어지러웠으면 하고 바랄 거야. 국가와 부자의 금고는 넘쳐나는데 백성들은 한결같이 가난에 시달리지. 맹자는 바로 그 점을 통렬하게 꼬집는 재주가 있었어. 왕을 대할 때에도 당당하고 맵고 날카롭고 쌈박하게 이렇게 말했지. "푸줏간에는 살진 고기가 가득하고 마구간에 살진 말이 가득한데도 백성들 얼굴에는 굶주린 기색이 역력하고 들판에는 굶어 죽은 시체가 널려 있으니, 이것은 짐승을 몰다가 사람을 잡아먹게 하는" 꼴이라고 말이야. 그래, 맞아! 맹자 시대 이후로도 세상은 그다지 변한 게 없는 것 같지? 맹자는 힘과 잇속 대신 덕을 지닌 사람이 나라를 다스려야 한다는 '왕도정치'를 주장 했는데, 그렇지 못한 자가 왕 노릇 하고 있을 때에는 군주의 자리를 바 꾸는 혁명도 정당하다고 했어. 혁! 명! 어때, 대단하지?

맹자가 이렇게 '세게' 말할 수 있는 건 그가 사람의 본성이 착하다고 굳게 믿었기 때문이야. 선량한 사람이 선량한 방법으로 세상을 잘 다스 리면 모든 사람의 선량한 본성이 회복되어 선량하고 평화로운 세상이 된다는 믿음이지. 누구나 타고난 선량한 본성대로 살 수 없게 만드는 정 치가들은 정말 나쁜 놈들이니까 당연히 갈아치워야 한다고 말하는 거 야. 이렇게 인간 본성이 착하다고 하는 주장을 '성선설性善說'이라고 하 는데, 본성이 선하냐 악하냐 하는 건 동양철학 사상사에 있어서 계속되 는 중대한 논쟁거리가 돼. 맹자가 이런 말들을 왕들 앞에서 눈썹 하나 까딱하지 않고 술술 풀어냈으니 맞대면한 왕들은 얼마나 피곤했겠어? 그래서 《맹자》를 읽어보면 맹자의 말에 딴청을 피우거나 화제를 돌려버 리는 왕들도 있어. 체면이 영 안 서는 거지 뭐.

깐깐 순자

순자(荀子, ?B.C. 298~?B.C. 238)는 맹자를 이어서 유학을 더욱 발전시키 고 여기에 나름대로의 독특한 철학 사상을 더해 중국 고대 철학을 집대성했다고 일컬어져. 특히 맹자와는 달리 인간의 본성은 이기적이라는 '성악설性惡說'을 주장했어. 본래 악하고 이기적이니까 그대로 두면 안 되겠지? 교육과 규제를 통해 가르치고 통제해야 사회가 제대로 돌아갈 테지. 이때 가르치고 통제하는 기준은 바로 '예禮'야. 순자는 '예'를 통해 계급적 질서를 바로잡는 게 통치의 근본이라고 했어. 어때? 맹자의 성선설과 순자의 성악설에 어떤 차이가 있는 것 같아?

오호라, 형철이의 저 형형한 눈빛을 보니, '인간의 본성은 선한가, 악한가'를 두고 머릿속에서 격전이 벌어지고 있군. 지금 당장 패를 갈라서 한번 논쟁을 벌여볼까? 흐흐흐. 내가 흐흐흐 하고 웃는 까닭은, 아까 말한 것처럼 이 논쟁이 아주 오랜 세월을 두고 벌어져왔기 때문이야. 그리고 꽤나 복잡한 생각거리가 있고 말이지. 인간의 본성이란 게 뭐냐, 선과 악은 또 뭐냐, 하는 본질적인 질문도 던져야 하고. 그러니 그 얘기는 잠시 뒤에 하기로 하자. 우선은, 깐깐한 순자님 차례니까.

중국 고대 철학에서 순자는 이전까지와는 다른 자연관을 말했어. 순자의 시대까지 사람들은 대체로 자연의 운행과 인간사의 운행이 서로 연결되어 있다고 생각했지. 말하자면 자연에 무슨 의지라도 있어서 인간들의 행실에 따라 길흉화복을 내려준다고 생각한 거야. 그러나 순자는 자연의 운행은 인간들의 행동과 관계가 없다고 했어. 하늘이 감정을 갖고 있지 않다는 거지. 만약 감정이 있다면, 인간들에게 그야말로 감정이 별로 안 좋아서 홍수와 가뭄 같은 것으로 심통을 부린다고 해야 하잖아? 순자는 기우제를 지내자 비가 오는 것이나, 기우제를 지내지 않았는데도 비가 오는 것이나 다를 게 없는 일이라고 말했어. 자연은 그저 자연일 뿐이고, 인간들은 그저 적극적으로 자신들의 생활을 해나가면 된다는 뜻이야. 운명이 하늘에 달렸다고 믿던 사람들에게 순자는 엄청난 천기누설을 한 셈이지?

순자는 한비자(韓非子, ?B.C. 280~B.C. 233)라는 탁월한 제자를 뒀는데, 한비자는 스승의 유학 사상에 머물지 않고 좀 더 정치적으로 나아갔어. 그는 센 나라를 만들기 위해서는 '법法'으로 다스리는 길이 최고라고 하는 '법가'의 대표자가 되었지. 스승은 사람을 가르쳐서 이끌어야 한다고 했지만, 한비자는 사람은 자기 이익에 따라 움직일 뿐 악한 본성은 달라지지 않는다고 하면서, 오직 강력한 법만이 세상을 다스리는 유일한 방법이라고 강조했어. 무시무시하지? 요즘의 법의식과는 많이 다른 것 같지? (그런가?) 법이란 약자의 보호를 위해서 존재하는 거잖아. (그런가?) 강자가 자기 권력을 유지하기 위해, 약자를 통제하기 위해 존재하는 게 아니거든. (그런가?) 원래 그렇단 말이야. 너무 순진한 생각이라고? 공정한 게 최고 아니냐고? 잠깐~! 우리가 철학자라면 여기서 질문을 던져야 하지. "공정이 뭔데?"라고 말이야. 이런 본질적인 질문이 철학의 몫이거든. 어쨌든 예나 지금이나 센 나라 어쩌고, 강력한 법질서 어쩌고 하는 사람들은 잘 살펴봐야 해. 제 것 지키는 데만 법을 찾고 남의 권리를 짓밟을 때는 모른 체하기 일쑤라니까!

모두냐, 나냐

모두 다 사랑하리, 묵자

사랑 많기로 치면 춘추전국시대를 통틀어 가장 윗길인 사람이 등장했어. 묵자(묵적墨翟, B.C. 480~B.C. 390)가 그야. 언제 어디 사람인지는 정확히 알려지지 않았는데, 대체로 공자보다는 조금 뒤고 맹자보다는 조금 앞선 시대 사람이라고 해. 춘추전국시대가 하루도 전쟁 없는 날이 없을 정도로 혼란기였다고 했지? 그 속에서 고통받는 사람은 당연히 힘없는 백성들이었을 테고. 그들에 대한 연민이 가득했던 묵자는 단호하게 전쟁 반대를 내걸고 나섰어. 당시 묵자와 그의 제자들은 큰 규모의 강력한 공동체적 집단을 이뤘대.

묵자 주장의 핵심은 '모든 사람을 차별 없이 사랑해야 한다'는 거야. 이를 '겸애설兼愛說'이라고 하지. 그는 가깝거나 먼 차이 없이 모두를 똑같이 사랑해야 세상의 혼란이 사라진다고 말했어. 사랑이 일방적으로 강요되거나 차별이 있을 때 전쟁이 일어난다고 봤거든. 사람은 자기 것, 내 편을 더 사랑하기 마련이잖아. 그런 편애를 없애야 한다는 거야. 내 편 네 편 가리지 말고 똑같이 사랑하자, 그래야 전쟁 없는 세상이 된다, 이거지. 사랑으로 전쟁을 없애자는 묵자의 진정성 넘치는 사랑이 느껴지니?

백성에 대한 사랑이 이토록 깊었던 묵자는 '사랑'뿐만 아니라, '가진 것'도 나눠야 한다고 주장했어. 사랑을 두루 나누자면 당연히 이익도 두루 나눠야 한다는 거야. 어때, 말 되지? 그래서 묵자는 절약을 강조해. 그는 많은 것을 가진 군주들은 스스로 검소한 생활로 절약해서 백성에게 먹을 것, 입을 것을 나눠야 한다고 주장했어. 사치란 나눌 것을 나누지 않고 제 몸만 아끼는 행위이니 배격해야 마땅하겠지? 허례허식 같은 것도 배척하고 극도로 검약하는 생활을 강조하는 묵자는 음악까지도 사치스럽다며 금지해야 한다고 주장했어. 그리고 예의와 절차를 중시하는 유학은 위선이라고 공격했지.

내 터럭도 소중해, 양주

묵자하고 대비되는 인물이 양주(楊朱, ?B.C. 440~?B.C. 360)야. 모든 사람을 사랑하자는 묵자와 달리 양주는 철저하게 자기 자신에게 집중해. 고작해야 몇십 년뿐인 인생을 헛된 것들에 정신이 팔려 허비하면 안 된다고 주장하지. 그 헛된 것들이란, 삶의 즐거움들을 가로막는 쓸데없는 규제에 스스로 구속되는 것, 명예욕, 재물이나 수명에 대한 욕심 같은 거야. 양주는 이런 것들에 스스로 묶여 사는 사람들을 '형틀에 매여 있는 죄수'와 다름없다고 말했지. 나를 얽어매는 스스로의 구속에서 벗어나 오직 나의 생명과 삶에 충실하자는 양주는, 천하를 움켜쥐려고 다투는 당시 권력자들을 이렇게 비꽜어.

"옛날 (훌륭한) 사람들은 한 개의 터럭을 뽑아서 천하가 이롭게 된다

해도 뽑지 않았고, 천하를 다 들어 자신에게 준다 해도 받지 않았다. 사람마다 한 개의 터럭도 뽑지 않고, 사람마다 천하를 이롭게도 하지 않는다면 천하는 저절로 다스려질 것이다."

이런 말을 하는 바람에 양주는, '제 몸의 털 하나를 뽑아서 천하를 이롭게 한다고 해도 뽑지 않을', '자기만을 위하는' 극단적 이기주의자로 몰리기도 했지.

양주와 묵자는 유가와 함께 전국시대에 상당한 세력을 가지고 서로 경쟁했어. 그래서 맹자는 "천하에 양주 묵적의 말이 가득 찼다"고 하면서, "양주는 자신만을 위하니 이는 군주를 없애자는 것이고, 묵적은 두루 사랑하자니 이는 부모를 없애자는 것이다. 제 부모, 제 군주를 모른다면 이는 금수와 같다"고 비난했어. 그리고 결국 전국시대를 마감한 진나라를 멸망시킨 한나라가 유학을 내세우면서 양주 묵적의 시대도 끝났지. 그런데 이 둘 중 양주의 사상은 장자에게 영향을 주었다고 해.

우리는 신선 스타일, 노자와 장자

유학과는 전혀 스타일이 다른 철학이 노자老子와 장자(莊子, ?B.C. 365~ ?B.C. 270)의 사상, 이른바 노장사상이야(노장사상은 뒤에 도가, 또는 도교 사상으로 발전해가.). 노장사상 하면 떠오르는 이미지가 있지? 수염을 허옇

게 기르고 배가 좀 나온 신선 할아버지들이 안개가 깔리는 숲 속에서 차를 마시며 장기를 두고 있어. 나이를 여쭈니 오백스물두 살, 사백쉰일곱 살이라네. 세상일을 물으니 복잡한 세상사는 잊은 지 오래라면서 저만치에서 썩어가는 도낏자루를 손짓해 보여주지. 음, 틀린 상상은 아니야. 노장사상에 심취했던 많은 사람들이 고단한 세상사를 잊고서 자연을 벗 삼아 한 줄기 바람처럼 살기를 꿈꿨으니까 말이야.

생각해봐. 무척이나 혼란스럽던 춘추전국시대, 입 있는 자들은 너나 할 것 없이 다들 자기주장이 최고라고 떠들어댔겠지. 노자나 장자가 볼 때, 그들은 허깨비 같은 걸 잡아보려고 헛수고하면서 인생을 허비하거나, 세 치 혀로 사기를 치며 세상 사람을 홀리는 사기꾼이요 가짜들인 거야. 어리석거나 나쁘지. 그런데 세상은 그런 게 아니야. 사람은 그런 게 아니야. 모든 걸 내려놓고, 다 버리고 진짜 자연의 소리를 들어봐……. 노자와 장자는 이렇게 말하는 것 같아.

노자는 공자와 같은 시대 사람으로 둘이 서로 만난 적이 있다는 기록도 있지만, 실은 실존했던 인물인지조차 명확하지 않아. 상징적이고 함축적인 《도덕경道德經》 오천 자를 노자가 남겼다지만 그 역시 확실한 건 아니고, 오늘날까지도 신비에 싸여 있는 전설적 인물이야. 그렇지만 어쨌든 노자의 사상을 계승 발전시킨 장자와 함께 노장사상의 원조로 알려져 있지. 노장사상은 '무위자연無爲自然'의 철학이야. 억지로 무엇인가를 하려 들지 말고 자연 그대로, 원래의 모습 그대로 놓아두라는 거지.

자기 안에 갇힌 눈과 코와 귀로 세상을 재려고 하는 게 사람이거든. 그런데 내가 나라는 틀만 벗어던지면 세상을 편견 없이 온전히 바라보고 노닐 수 있는 자유로운 존재가 된다고 해. 나를 나로부터 해방시켜라, 다 벗고 다 털고 나와라, 그러면 진짜가 보인다. 이러니 도사님 소리를 들을 만하지? 노자는 이렇게 말해.

> "학문을 하는 건 나날이 보태가는 것이고, 도를 하는 건 나날이 덜어내는 것이다. 덜어내고 또 덜어내면 '무위(無爲, 아무것도 하는 게 없음)'에 이른다. 아무것도 하는 게 없으면서도 하지 않은 게 없다(무위이무불위無爲而無不爲)."
>
> – 《도덕경》 중에서

도대체 무슨 말씀이냐고? 글쎄, 그걸 이 자리에서 당장 알려주고 알아듣고 한다면 우리는 이미 도를 깨쳤겠지? 음, 두고두고 생각해보자고. 철학은 평생을 두고 해나가는 문제 풀이 같은 거니까. 잠깐, 그런데 저기 민정, 갑자기 가방을 주섬주섬 챙겨서 나가려는 건 뭐냐? 뭐라? '나날이 보태가는 학문'보다는 '나날이 덜어내는 도'를 하겠다고? 헉! 바로 이게 '도의 부작용'이라는 거야. 뭘 그리 많이 쌓아놓으셨다고, 덜어내시겠다는 겁니까, 민정 님? 뭘 덜어내야 하는지는 보이십니까? 폼 나게 덜어내시려면 지금은 좀 보태어 쌓아놓는 게 어떠실지요? 일단은《장자》라도 읽어보시는 게 어떨까요, 민정 님? 그래! 말 나온 김에 다 같이 《장자》 읽기에 도전해볼까? 한 번 날갯짓에 구만리장천을 날아오르는 엄청나게 큰 새(물고기였다가 변신한!)의 이야기도 있고, 그림자가 몸뚱이에게 하소연하는 이야기도 있고, 말재간의 달인들이 나오기도 한다고.

　　장자는 기인이었대.《장자》를 읽어보면 그의 생각도, 행동도 기인이었음에 틀림없다는 확신이 들어. 일단 상상의 규모가 달라. 크다, 작다, 오래다, 순간이다, 라는 구별이 무의미해지는 상상들이거든. 사람들은 모두 자기가 감당하는 기준으로 크다, 작다, 아름답다, 추하다를 판단하잖아? 장자는 자기 기준이란 걸 확 풀어버리라고 말해. '나'조차도 절대적 기준이 될 수 없다고 하거든. 장자는 꿈속에서 나비가 되었던 얘기를 하면서, 사람인 자신이 나비가 된 꿈을 꾼 건지, 지금 자신은 사실은 나비인데 단지 사람이 된 꿈을 꾸고 있는 건지 모르겠다고 했어. 맞아, 누가 그걸 알겠어? 우리도 그런 생각을 꽤 했잖아? 한 번도 안 했다고? 에그그, 세상을 너무 단조롭게 살고 있는 거 아니니? 다시 한 번 생각해봐. 지금 이 장면이 실은 꿈속의 한 장면이고 눈 한 번 끔벅이고 나면 내가 영 다른 세상의 다른 사람일 수 있지 않을까, 그런 생각, 해봤잖아?

　　장자의 눈으로 보면 세상은 가짜투성이야. 지금 여기서 '크다'라고 말한 것이 절대적인가? 지금 크다고 말한 것보다 더 큰 것이 나오면 한순간에 '크지 않다'가 되어버리잖아. 마찬가지로 인간들이 자신들의 잣대로 내린 모든 판단은 불변이 아니라 상대적인 것이고 변하는 거야. 그러니 자기 틀에 갇히면 가짜를 진짜로 믿고 고집하는 병이 생기거든. 어느 편에 서는 순간 전체를 놓쳐버리는 거야. 전체에 속해 있으려면 어느 편에 서지 말아야지. 전체가 진짜거든. 흐음, 흐음~. 표정들을 보아하니 완전 짜증들이 났구먼. 도대체 무슨 말이냐 이거지? 그래, 진도 나가자.

노자와 장자는 인간들이 기껏 만들고 꾸며놓은 것들을 비웃어. '너는 가짜다!'라면서 말이야. 그래서 노장사상은 때로는 이단으로, 위험한 사상으로, 백해무익한 것으로 취급받기도 했어. 조선시대 선비들은 노자와 장자의 책을 숨겨놓고 보기도 했다지. 하지만 바로 그런 매력으로 노장사상은 사상사뿐만 아니라 종교와 예술에까지 큰 영향을 미쳤어.

말의 달인들, 혜시와 공손룡

혜시(惠施, ?B.C. 370~?B.C. 309)와 공손룡(公孫龍, ?B.C. 320~?B.C. 250)은 '명가名家'라고 해. '명名'은 글자 그대로 사물의 이름이야. 이름은 언어로 짓는 것이니, 명가는 언어에 대해 집중한 학파를 말하지. 그들은 표현

(이름)과 표현되는 것(실제, 대상) 사이의 관계를 따지는 유명한 명제들을 남겼어. 혜시는 장자의 친구였다는데,《장자》에 보면 혜시와 장자가 나눈 말씨름 같은 토론이며, 혜시가 죽었을 때 슬퍼한 일화 같은 게 나와. 혜시의 알쏭달쏭한 명제 중 특히 유명한 몇 개만 소개할게.

가장 큰 것은 밖이 없다. 가장 작은 것은 안이 없다.
두께가 없는 것은 쌓을 수 없지만 그 길이는 천 리다.
하늘은 땅만큼 낮고, 산은 연못만큼 평평하다.
나는 오늘 월나라에 가서 어제 도착했다.
알에는 털이 있다.
날아가는 새 그림자는 움직이지 않는다.

아, 이것들을 나보고 설명해달라고 하지는 마. 스스로 생각해보라고. 아예 포기한다고? 좋아, 난 애교 넘치는 협박에 워낙 약한 인간인지라, 첫 번째 명제에 힌트를 주자면 이래. 만약 아주 커다란 어떤 것이 있는데, 그것을 가장 크다고 말하려면 그보다 더 큰 것은 없어야겠지? 어떤 것이 있는데 그것의 바깥이 있다면, 정작 가장 큰 것은 바로 그 '바깥'인 거지. 작은 것도 마찬가지야. 작은 것이 있는데 그 안이 있다면, 정작 작은 것은 바로 그 '안'에 있어야 하겠지? 그러니 밖이 있다면 가장 큰 게 아니고, 안이 있다면 가장 작은 게 아니야. 나머지도 나름대로 생각해봐. 그런데 언제? 고대 그리스의 철학자인 제논(Zenon, ?B.C. 495~?B.C. 430)이 했던 "나는 화살은 멈춰 있다"라는 말이 생각나지 않아? (응? 제논이 그런 말을 한 줄도 몰랐어? 응, 알았어!) 혜시는 장자와 말씨름을 주고받으며 자신의 논리를 무장시켰을 거야. 그래서 혜시가 죽고 난 뒤 장자는 "이제 나는 이야기를 나눌 사람이 없게 되었다"고 말했다지.

그런데 혜시보다 좀 후대인 공손룡은 장자의 절친이었던 혜시와는 달리 장자 계통 학자들로부터 '이름을 가지고 실제를 어지럽히는' 궤변론자로 비난받았어. 공손룡은 이런 명제로 유명하지.

흰 말은 말이 아니다.

어허~! 저기 도준 군, 그 날카로운 눈을 빛내는 걸 보니 지금 당장 이 명제들을 해석하겠다고 덤비는 모습? 아서라, 아서. 아마도 현대 과학적 지식으로 단숨에 설명하려는 거겠지? 그것도 재미있겠지만, 잠깐 보류해주길 바라. 지금은 이천 몇백 년 전 당시를 상상하며 즐기자고. 이런 명제들을 갖고서 침을 튀겨가며 논리적 다툼들을 벌였던 철학사의 한 장면을 말이야. 그저 가벼운 말장난이나 말재간을 부리는 것 같은데, 뭐가 그리 중요하냐고 묻고 싶지? '말'이란 원래 중요한 거야. 그저 말씨름에서 상대를 제압하기 위해 필요한 게 아니거든.

그리고 논리란 생각이 오류 없이 흐르도록, 또 표현을 명료하게 만들어주는, 철학의 중요한 도구지. 단순히 사실을 아는 것만이 중요한 게 아니라 그것들을 올바른 계산법을 가지고 설명해내야 하잖아? 논리란 그때 말의 계산기 같은 거야. 올바른 연산으로 말할 수 있게 꼼꼼히 따져주는 거지. 여러분도 (처음엔 다소 엉뚱할 수도 있지만) 이리 뒤집고 저리 뒤집어가면서 여러 가지 계산법을 시도해보고 검증해봐. 그게 누구나 인정하는 바른 계산법을 찾아가는 과정이야. 혼자만 깊은 생각에 빠져 있을 때가 아니라 생각을 서로 나눠야 할 때, 말과 생각의 약속을 지키는 건 무척 중요한 일 아니겠어? 갖고 있는 문법책과 사전이 각자 다르다면 어떻게 서로 소통하겠어? 고대 서양에서나 동양에서 모두 철학이 본격적인 학문으로 등장할 때 '말' 자체로 파고드는 논리철학자들이 나오는 건 그런 이유에서겠지? 혜시나 공손룡의 생뚱맞아 보이는 말들도 그냥 허무맹랑한 말장난이 아니라 생각을 표현하는 도구로서의 말, 그 자체를 깊이 알아내려는 과정에서 나온 거야.

자, 지금까지 철학의 원조들 이야기를 좀 자세하게 했어. 왜냐하면, 원조니까! 철학은 어떤 모습으로, 어떤 사람들에 의해서 시작되었는지 알아보는 게 의미가 있겠다 싶어서 말이지. 우리가 철학적 생각이란 건 시작할 때를 기억해봐. 생각의 흐름이라는 게 비슷하게 반복되는 느낌도 들지 않아? 아, 아까 얘기했다고? 치매 아니냐고? 알아, 안다고. 생각은 자꾸 반복하면서 살찌워가는 거야. 안 그래?

그 오래전에 상당히 깊은 철학적 전통이 시작되었다는 데 대해, 같은 우주시민으로서 경의를 표하지 않을 수 없어. 그러고 보면 철학은 굉장히 연원이 오래된 학문이지. 이렇게 시작된 철학은 시대에 따라 탁월한 철학자들이 등장하면서 주제도 풍부해지고 방법도 다양해졌어. 그리고 치밀하고 깊어졌지. 지금까지 소개한 고대 이후의 철학사 흐름을 일일이 살피는 것도 좋겠지만, 지금 여기서는 생략하려고 해. 중요한 건 우리도 나름대로 철학을 해보자는 것이지, 철학이라는 과목을 공부하자는 건 아니니까. 혹시 철학사를 더 공부하고 싶거나, 아예 철학과에 들어가고 싶은 사람이 있다면 따로 공부하도록!

이제부턴 우리도 본격적으로 생각이란 걸 해보자. 나에게 철학이 어떻게 시작되었나, 인류에게는 철학이 어떻게 시작되었나를 봤으니, 이제는 우리도 몇 가지 주제를 가지고 철학의 나래를 펼쳐보자는 거야. 어때, 준비되었지? 아, 잠깐 나가서 바람이라도 쐬고 오자고? 좋지! 마침 저녁놀이 지고 있군. 다들 바깥으로 나가자. 저녁놀에 가슴이 일렁이지 않는다면 우주시민이 아니지!

· 3부 ·

나는 본다, 나의 우주를

나는 우주의 일부요, 전부니라

철학적 사색의 시작, 우주

"나는 이미 5, 6세 때부터 생각에 잠겨 괴로워했다. 대체 천지 사방의 바깥은 어떻게 되어 있을까? 사방은 끝이 없다고들 사람들은 말하지만 나는 꼭 끝이 있을 것만 같았다. 예를 들면 이 벽처럼 말이다. 이 벽의 뒤쪽에는 무엇인가가 있을 것이다. 그때는 너무 골똘히 생각한 나머지 병이 날 것 같았지만 아직도 벽의 뒤쪽에 무엇이 있는지 알 수가 없다."*

"선생께서는 3, 4세 때 천지의 끝은 어디인지 아무리 생각해봐도 알 수가 없어 그 때문에 식사도 못 할 지경이 되었다. 아버지께 꾸지람을 듣고는 더 이상 그 일을 입 밖에 내지 않았으나 가슴속의 의문은 지워지지 않았다. 그 후 10여 살 때 고전을 읽다가 '우주'라는 두 글자에 이르렀는데, 그 주석에 '사방상하를 우字라 하며 왕고금래를 주宙라 한다'고 적혀 있는 것을 보고 갑자기 깨달아 이렇게 말했다. '이것이었나? 무한이었던 것이다. 사람과 천지 만물은 모두 이 무한 속에 있는 것이다.' 그 자리에서 붓을 들어 써 내려갔다. '우주 안의 것은 내 안의 것이며 내 안의 것은 우주 안의 것이다.' 그리고 또 이렇게 말했다. '우주는 내 마음이다. 내 마음은 곧 우주다.'"**

앞의 글은 중국 송나라 때의 철학자 주희의 말이고, 뒤의 글은 그와 쌍벽을 이뤘던 육상산에 관한 이야기야. 아, 물론 '다 같이 기죽어보자!' 하는 뜻에서 인용한 건 아니야. 뭐, 이분들이 워낙 조숙했던 점에 대해선 나도 좀 짜증 나. 나도 나름 꽤나 조숙했던 인간이라고 생각하고 있었거든. 그런데 이제 와서 생각해보니 철학적 사색보다는 다른 쪽에 조

---

* 미우라 쿠니오 지음, 김영식·이승연 옮김, 《인간 주자》, 창작과비평사, 1996년.

** 같은 책.

숙했던 게 아니었나 의심스럽기도 해. 무슨 쪽이냐고? 흥, 그걸 내가 말해줄 것 같아? 자, 쓸데없는 생각은 그만하자고. 중요한 건 이분들이 그렇게 일찍 시작해서는 평생토록 이 질문에서 벗어나지 않았다는 거지. 그래, 송연아, 일생을 관통하는 화두를 놓지 않았다는 깔끔한 인간성이 존경스럽다기보다는 모골이 송연하다고? 솔직히 말하자면 나도 좀 그래. 이렇게 위대한 선지식들을 만나면 어쩐지 대뜸 혼부터 날 거 같단 말이야. 뭐, 그렇게 된다면 같은 우주시민들끼리 좀 너무한 거 아니냐, 좀 봐달라고 징징거려봐야지. 여러분이 내게 늘 그러듯이 말이야.

아무튼 언제 시작했든 간에 사람 생각은 다 비슷하구나 싶지? 이렇게 뛰어난 두 철학자의 어린 시절 철학적 사색의 시작도, 누구나처럼 '우주는 무엇일까?'로부터 시작되었고, 그렇게 시작된 질문은 곧장 '우주 안의 나란 무엇인가?', '세상은 무엇인가?', '어떻게 살 것인가?'로 이어졌다는 말씀.

그런데 말이야, 두 어린 철학자의 '우주'에 관한 사색은 지금 생각해도 놀라워. 특히 육상산의 '우주'에 관한 글을 읽으면 단박에 아인슈타인(Albert Einstein, 1879~1955)의 '시공간' 우주 개념이 떠오르지 않아? 아, 떠오르지 않는다고? 흐음~. 1900년대 아인슈타인에 와서야 우주는 그저 공간으로서의 개념이 아니라, 시간을 더한 '시공'으로 읽히게 되었어. 그런데 이미 육상산이 우주라는 의미에 공간만이 아니라 기나긴 시간까지도 포함했다는 말이야. 물론 육상산이 말한 '사방상하 왕고금래

(위아래 사방과 과거, 현재의 모든 시간)'가 아인슈타인의 시공간과 똑같은 개념은 아니야. 관찰과 계산, 예측과 검증을 통해 얻은 아인슈타인의 과학적 통찰이, 깊은 사색을 통한 철학적 통찰과 완전히 같다는 건 좀 억지지. 다만 우주를 생각할 때, 공간의 의미만으로는 온전하게 설명하기 힘들기 때문에 필연적으로 시간의 의미를 포함해서 설명했다는 거야. 과학과 철학의 통찰이 만나는 지점이 바로 그곳이겠지.

자, 이제 우리도 어서 '시작'을 따라가보자고. 우리를 매혹시키는 이 까마득한 우주, 이 아름다운 우주를 찾아가는 거야. 그래서 지금부터는 아주 멀리 날아가볼 거야. 어지러울지도 모르니 단단히 채비해. 아, 졸릴 수도 있겠다. 깜빡깜빡 잠이 드는 사람한테는, 우주를 유영하는 꿈을 꾸는 행운이 깃들기를 바라……, 라고 말할 줄 알았지? 내가 그렇게 착한 척한다고 속을 것도 아니면서 뭐. 그래, 남은 열심히 말하는데 쿨쿨 잘 거면, 가위나 실컷 눌려라~. 목에는 핏대가 서고 가슴은 짓눌려 바들바들 떨리고 온몸에 전기가 찌릿찌릿 오르는 가~위~! 흐흐, 농담이야, 농담.

우리는 왜 여기 있지?

이렇게 노래한 시인이 있어.

흐름 위에

보금자리 친

오―흐름 위에

보금자리 친

나의 혼……

– 오상순, 〈방랑의 마음〉 중에서

도대체 내가 서 있는 이곳은 어디인가? 생각이란 걸 하게 된 바로 그 순간부터 우리는 '나는 누구고, 어디에 서 있는가?'를 질문하게 돼. 명백한 정답이 나왔다면, 그 순간부터 그 질문은 다시 할 필요가 없었겠지. 그런데 그 질문이 계속되는 걸 보면 아직 그런 답은 나오지 않은 것 같아. 그런데 나름 답을 얻었다는 사람도 간혹 있는 걸 보면 영 답이 없는 건 아닌 것 같기도 하고……, 알쏭달쏭하지?

"나는 나를 에워싼 이 우주의 무시무시한 공간들을 본다. 그리고 광막한 우주의 한구석에 매달린 자신을 발견할 뿐, 무슨 이유로 다른 곳이 아닌 이곳에 내가 위치하고 있는지, 무슨 이유로 나에게 허용된 이 짧은 시간이 나를 앞선 모든 영원과 나를 뒤이을 모든 영원 사이에서 다른 시점이 아닌 바로 이 시점에 지정되었는지 모른다. 어느 곳을 둘러보아도 보이는 것은 오직 무한뿐이고 이 무한은 다

시는 돌아오지 않을 한순간 지속될 뿐인 하나의 원자, 하나의 그
림자와도 같은 나를 덮고 있다."[*]

어쩐지 좀 우울한 고백 같지? 원래 우주를 생각하면 좀 청승맞아져.
우주적 외로움을 느낀다고나 할까. 어쨌든 파스칼의 우울한 고백처럼,
우리는 어느 날 내가 알지 못하는 어떤 공간에 놓여 있다는 걸 '본다'거
나 '발견해'. 그래그래. 철학에 눈뜨는 그 어떤 날, 벼락같이 보인다고!
뭐가? 내가 이 까마득한 공간에 휙 던져져 있는 게!

그러면 뭐 어때, 내가 덩그마니 던져져 있건 내팽개쳐져 있건, 살포시
놓여 있건 한평생 살다 죽는 일에서 별로 달라지는 게 없을 텐데, 뭐가
어떻다고 청승과 잘난 체 작렬이냐?! 남길아, 네가 방금 속으로 이렇게
야죽거린 거 다 안다. 어찌 아느냐고? 네 표정에 다 써 있거든! 아무리
생각해도 너는 배우를 하면 딱 좋겠어. 어쩜 그렇게 감정이 완벽하게 전
달되냐?

앞서 말했잖아. 사람은 살면서 자기 세상과 자기 자신에 대해 스스로
에게 납득할 만한 설명을 해주고 싶은 욕망이 있다고. 도대체 뭘 좀 알
고나 죽자, 이런 거라니까. 인간의 모든 생각을 동원해서 우주를 설명하
고, 그 설명을 들으면서 나의 우주를 해명해나가는 일은, 비단 철학자뿐

*   파스칼, 이환 옮김, 《팡세》, 민음사, 2003년.

만 아니라 누구에게나 행복한 일이야. 납득할 만한 설명이 차곡차곡 쌓이면서 점점 아는 영역이 넓고 깊어지는 경험은 아주 즐거운 일이지. 지금부터 조금 간만 보자고. 좀 더 자세히 알고 싶으면 어떻게 하냐고? 뭘 어떻게 해? 죽어라 공부하면 되지.

우주의 시작은
무엇인가?

'없음'에서 비롯된 우주

기원전 2세기, 중국 전한시대의 철학자 유안(劉安, ?B.C. 179～B.C. 122)의
저술인《회남자淮南子》에는 이런 묘사가 있어.

> "옛날 하늘과 땅이 아직 생겨나지 않았을 때에는, 다만 어슴푸레하
> 여 형체도 없고 어둑어둑할 뿐이었다."

동서양을 막론하고 태초의 우주를 설명하는 말은 비슷해. 뭔가가 생

겨나기 전에는 모든 게 섞여 있는 혼돈, 그 자체였다는 말이야. 이 혼돈 상태를 카오스라고 하지. 사실 다른 선택은 별로 없는 것 같아. 애초부터 뭔가가 반듯반듯하게 있었다고 하는 건 아무래도 좀 이상하잖아?

그렇지만 혼돈이라는 게 모든 것의 시작, 그러니까 시작 종결자라는 데 의문을 가진 사람이 생겨났지. 혼돈 이전, 그러니까 혼돈을 낳은 그 이전이 또 궁금해졌을 거야. 우리는 '지금, 여기에' 있으니까, 우리를 '지금, 여기에 있게 만드는 바로 앞의 일'이 있을 테고, 그 '바로 앞의 일' 앞에는 또 그 일을 있게 만드는 '또 앞의 일'이 있을 테니까. 그렇게 거슬러 가다 보면 뭔가 최초의 시작점이 있을 거란 말이지. 어느 시대나 그 시대까지의 모든 지식을 동원해서 우리 우주의 시작을 그려 보이지. 물론 현대물리학에서도 이 우주의 시작점을 나름 설명하고 있어. 그건 참 다행이야. 우리는 시작에 대해 꽤 많은 걸 알고 있으니까 말이야.

사실, 시작을 찾는다는 건, 우리 자신이, 우리 세상이 무엇에서 비롯되었는가를 찾는 거야. 맞아, 비롯됨! 비롯되었다는 건, 시간적인 시작 뿐만 아니라 무엇에서 나왔는가까지도 포함하는 말이잖아? 그래서 우리는 이렇게 묻는 거야. "이 우주는 어디서 비롯되었나?"

중국 철학의 전통에서는 우주는 '무無'에서 나왔다고 해. 중국 고대 철학의 우주관을 써놓은 《주역》에서도 만물을 내는 원리인 '태극太極'은 '무극無極'에서 나왔다고 하지. 그래, 어찌 생각하면 당연한 순서 같기도 하고, 또 어찌 생각하면 굉장히 놀라운 발상 같기도 해. 어쨌든 무엇이

'있다'면, 이미 그 무엇이 '있기 전'이 있어야 하는데, 그 무엇이 있기 선에 무엇이 '있다'면, 또 그 무엇이 '있기 전'이 있어야 하지. 그러니까 비롯됨이 있으려면 꼭 '아무것도 없다가' 뭔가가 생겨나야 한다는 말이 되지. 와우, 한마디로 우주는 '없음'에서 비롯되었다! 땅! 땅! 땅!

더 무슨 말이 필요하겠어? 우리 우주는, 쭉 없다가, 느닷없이 있게 된 거라는 말이야. 그런데, 그렇다면, 이게 끝인가? 여기 있게 된 우리 우주는, 우리 눈에 보이고, 실제로 우리가 여기서 숨 쉬고 살고 있으니까 분명히 여기 '있어'! 우리는 우리 우주가 여기 있는 걸 느끼고 알아. 그럼 이것이 나온 '없음'이란 대체 무엇이지?

'없음'은 있을까, 없을까

자, 이제 본격적으로 머리칼을 쥐어뜯을 차례야. 이 '없음'에 생각이 미치면, 머릿속은 점점 헝클어지고 눈은 퀭하니 들어가고 피부는 까칠해지고 입술은 허옇게 말라 터지고 온몸의 솜털은 저마다 꼬이고 기운이 빠지고 다리가 풀릴……, 정도는 아니겠지만 엄~청~ 짜증이 날 거야.

떠오르는 의문들을 마구 날려봐. 그렇지! '없음'은 없는 거냐, 있는 거냐, 이것부터 의문이지? 애초에 뭔가가 있기 전에 '없음'이란 게 있었다는 말이냐, 그렇다면 '없음이 있었다'라는 '사실'이 있었다는 말이냐, 없음이란 '존재'가 있었다는 말이냐. '없음이 있다'는 것은 있다는 거냐, 없다는 거냐. '있지 않음'과 '없음'은 같은 거냐. 태초의 '없음'이, 뭔가가 '있다가 없음'의 '없음'과 같은 것이냐, 아니면 다른 것이냐. 대체 '없음'에 종류가 있을 수 있다는 말이냐. '있음'이 그곳으로부터 나왔다면 그곳은 애초에 '있음'을 담고 있는 '없음'이었으니까, 그냥 '없음'은 아니지 않을까. 그 '없음'은 지금 어떻게 되었을까. 우리의 '있음'은 결국에는 다시 '없음'으로 돌아가는 것일까. 이미 있어버렸는데, 그것이 다시 '있지 않음'으로 돌아갈 수 있을까. '있지 않으'려면 애초부터 있어본 적이 없어야 하는 건 아닌가. 이미 있어본 것은 흩어져 없어질 수는 있어도 '있지 않음'이 될 수는 없는 것 아닌가. 이 모든 말은 논리인가, 사실인가.

그 옛날 장자도 이런 것이 끝없는 질문임을 알고 있었어. 그래서 이렇게 알쏭달쏭한 말을 했지.

"처음이라는 것이 있다. '처음이 아직 있지 않은' 것이 있다. '처음이 아직 있지 않은 것이 아직 있지 않은' 것이 있다. '있음'이 있다. '없음'이 있다. '없음이 아직 있지 않음'이 있다. '없음이 아직 있지 않음도 아직 있지 않음'이 있다. 어쨌든 '없음'이 있게 되었을 것이지만 알지 못하겠다. '있음'과 '없음'에서 과연 무엇이 있음이고 무엇이 없음인지. 이제 나는 이미 뭐라고 일러 말했을 것이지만 알지 못하겠다. 내가 일러 말한 것이 과연 일러 말한 게 있는 것인가, 일러 말한 게 없는 것인가……."

장자의 이 말에 대한 해석은 여러 가지로 갈라지지만, 대체로 '있음' 과 '없음'의 개념이나 말에 대한 고민을 담고 있다고 봐야겠지? 여러분 도 흥미가 생기면 좋은 날 잡아서 하루 종일 한번 생각해봐. 인생에서 요런 문제로 고민해보는 날이 하루쯤은 있어도 좋을 것 같지 않아? 좋 을 것 같지 않다고? 흐음, 윤아야, 괜히 어깃장 놓으려고 그렇게 말해보 는 거, 또 들켰거든?

어쨌든, 우주는 '없음'에서 비롯되었다고 했지? 동양철학에서는 대체 로 앞에서 말한 대로 이 우주의 모든 것은 '없음'에서 비롯되었다고 해. '없음', '무', '공空'이 다 그것을 뜻하는 말이야. 그러면서 이 '없음'에서 '있음'이 비롯되었다고 하지. 곧 '없음'은 그냥 '없음'이 아니라 '있음'이 비롯되는 엄청난 '없음'이야. 게다가 '있음'이 '없음'에서 비롯되었으니 그 둘은 둘이면서도 한몸이라고 할 수 있지. 자, 자, 그만 졸자고. 그래, 여러분 얼굴에 이렇게 쓰여 있는 게 보여. 이게 무슨, 거미가 허공에 거 미줄 날리며 태평양 건너는 소리냐? 그렇게 말하는 당신은 알고 하는 말이냐, 모르고 하는 말이냐? 음, 사실 별소리 아니야. 단지 우리 생각 을 명확하게 하기 위해 따질 만큼 따져가자는 뜻에서 한 말들이야.

재밌는 것은, 이런 철학적 사색이 현대 과학의 우주론과 비슷하다는 거야. 참 다행이지? 철학적 통찰과 과학적 사실이 다르다면 얼마나 당황스럽겠어? 억지로 꿰맞춰야 하는 수고를 하지 않아도 되는 거야. 앞으로 과학이 더 발달하면 뭔가 다른 관측과 설명이 나올지 모르겠지만, 지금까지는 우리 우주는 '무', 곧 '0'에서 시작되었다고 해. (물론 0에서 시작되었다는 시나리오에 찬성하지 않는 사람들도 있어. 우주가 수축과 팽창을 거듭한다는 사람도 있고, 어미 우주가 영구히 자식 우주를 계속 낳는다고 하는 사람도 있지. 그들은 '무'가 아니라 이미 뭔가 '있음'에서 우리 우주가 생겨났다고 말하는 셈이야. 그렇지만 여기서는 '없음'에서 태어나는 우주에 대해 말하려고 해. 철학적 사색을 즐기기에도 '없음'에서 생겨나는 '있음'을 상상하는 게 훨씬 근사하잖아?)

그런데 "잠깐, 무슨 말씀, 우리 우주는 빅뱅에서부터 시작되었다는데요?" 이렇게 말하고 싶은 사람 있으면 꾹 참아. 그럼 빅뱅을 낳은 것은 무엇이냐고 또 물어야 하고, 그 물음에 '빅뱅 엄마요'라고, 대성이가 대성통곡할 진부한 유머를 날릴 거 아니야? 사실 우리가 관측하고 검증할 수 있는 한계는 빅뱅부터라서 그 이전은 '볼' 수 없지만, 과학자들은 빅뱅을 낳은 빅뱅 엄마, 곧 빅뱅 이전의 우주의 시작을 설명하고 있어. 우리의 호기심은 끝이 없는 것이라서 완전한 대답을 듣지 않은 석연치 않은 상태에서 멈출 수 없지만, 다만 이런 소박한 결론만큼은 잠정적으로 동의해줄 수 있을 거 같아. 모든 '사건'은 결국 '아무것도 일어나지 않음', 곧 '없음'에서 비롯되었다고 말이야. 아무튼 그러니까 우리는 일단

'0'에서 시작되었다는 우리 우주를 내략 훑어보자고. 그래그래. 대략 훑지 않고 자세히 볼 능력, 애초에 없어, 없다고. 그렇다고 그걸 그렇게 꼭 집어서 말해야 하냐?

겨우 138억 년 전 무렵 어느 날

현대 과학 이전까지 서양과학에서는 우리 우주가 '무'에서 시작되었다고 말하지 않았어. 1900년경까지 과학자들은 '우주는 아득한 옛날부터 지금 이대로 변함없이 존재했다'고 생각했지. 아인슈타인마저도 우주는 영원히 변하지 않는다고 생각했으니까 말이야. 하지만 상대성이론에 이미 '한 점에서 시작되는 우주'라는 암시가 들어 있었다는군. 게다가 우주가 팽창하고 있다는 허블(Edwin Hubble, 1889~1953)의 관측이 나오자 깜짝 놀란 과학자들이 부랴부랴 우주의 역사를 거슬러 올라가보니 아, 우리 우주는 한 점에서 시작되었다고 말할 수 있었던 거야. 그리고 그 한 점은 다름 아닌 '무無'의 영역에서 튀어나왔다고 할 수밖에 없었고. '무'에서 태어나는 우주라는 시나리오는 1980년대 알렉산더 비렌킨Alexander Vilenkin이라는 과학자가 제출했어. 물론 그가 실제로 관측한 건 아니야. 이론적으로 그렇다는 말이지. 관측 가능하고 우리가 사용하는 계산기로 계산이 가능한 시점은, 아직은, 아까도 말했지만 '빅뱅'부터야.

138억 년 전 어느 순간(실은 콕 찍어서 138억 년이 아니라 그에 가깝다는 계산이래. 얼마 전까지는 137억 년이라고 했다가 1억 년을 더한 걸 보니, 이 역시 그리 자신 있는 수치는 아니겠지만 뭐, 대략 그쯤이라 말할게.) '무'의 요동에서 탁 튀어나온 우주는 태어나자마자 무시무시한 속도로 거대하게 팽창했고(이것을 인플레이션이라고 하는데, 탄생에서부터 $10^{-36} \sim 10^{-34}$초 후라는 일순간에 우주는 10의 수십 제곱의 크기가 되었다는군.), 그 에너지가 엄청나서 뜨겁게 작열하는 상태가 되었대. 이게 바로 빅뱅이래. 그런데 여기서 또 의문이 생기지? 그렇다면 도대체 처음에 펑, 하고 터져 나오는 사건은 왜 일어났을까? 아무것도 없는 곳에서 대체 무슨 힘으로 터져 나왔을까? 글쎄, 아직은 알 수 없어. 어쩌면 앞으로도 오랫동안 알 수 없을지도 몰라.

지금은 그저 '없음' 곧 '무'의 에너지가 일순간 '있음'의 에너지로 변신했다고 말해. '없음'이란 한계가 없는 거잖아? 무엇인가 한계를 긋는 순간, '있음'이 되니까 말이야. 한계가 없는 '없음'의 무시무시한 힘이 우리 '있음'의 세계, 곧 우리 우주를 탄생시키는 에너지가 되었다, 이거지. 어휴, 보경아, 한숨까지 쉬니? 너무 까마득한 소리라고? 글쎄, '없음'을 상상하는 건 까마득할지 모르지만, 시간상으로는 불과 138억 년 전 어느 날의 이야기인걸! 그런데 이렇게 말은 하고 있지만 의문이 풀리진 않지? 어쨌든 '무'라는 것 자체는 여전히 알 수 없는 거니까 말이야. 나는 이 질문에서 도저히 벗어날 수 없다, 나는 오직 이 질문에 매료되어

헤아날 수 없다. 이런 사람은 이 수업을 마치는 즉시 얼른 천체물리학자의 길을 가도록 해. 눈이 빠지게 그 답을 기다리는 사람들이 많으니까. 물론 철학자들도 눈이 빠질 지경이긴 마찬가지고.

이젠 우리 우주의 크기를 좀 가늠해볼까? 우리 우주의 시작이 우리 관측 범위를 넘어서 있듯이, 우리 우주의 크기도 우리의 관측 범위를 벗어나 있어. 빛은 1초에 30만 킬로미터, 1년에 약 9조 4600억 킬로미터를 가잖아? 그걸 1광년이라고 하지. 지금 지구에 도달하는 가장 오래된 빛은 138억 년 전 출발한 빛이야. (정확히 말하면 빛은 빅뱅이 일어난 이후 약 38만 년 뒤에 출발했대. 그때 출발한 빛의 흔적은 우주배경복사로 관측되었어.) 그게 관측할 수 있는 우리 우주의 시작이지.

그러면 우리 우주의 크기는 빛이 138억 광년을 달린 거리만큼일까? 그렇지 않아. 우주는 탄생과 동시에 급팽창했고 지금도 팽창하고 있기 때문에, 우리 우주는 빛이 달린 거리보다도 훨씬 커. 138억 년 전에 지구를 향해서 출발한 우주배경복사가 있던 지점은, 지금은 우주팽창에 따라 약 470억 광년(그래, 대략, 대략 말이야.) 거리로 멀어져 있다는군. 결국 우리는 공간으로서 우주의 끝은 보지 못하겠네? 무척 애석하지? 우리의 관측 범위를 넘어서기 때문에 우리는 부푸는 우주의 바깥이 무엇인지도 몰라. 게다가 우리는 '있는' 것만 관측할 수 있지 '없는' 것은 관측할 수 없잖아? 지금 있는 것, 있다가 없어진 것은 관측하겠지만, 아예 없는 것은 어떻게 관측하겠어? 그러니까 우리는 우리 눈앞에 펼쳐져

'있는' 우주를 볼 수는 있지만, '있음'과 '없음'조차 넘어서 있는 듯한 우주 전체는 볼 수 없어. 오직 상상할 뿐이지.

상상한 김에 우주의 종말을 생각해볼까. 우리 우주는 언제, 무엇으로 끝이 날까. 시작이 있었으니 끝도 있을 것 아니겠어? '없음'으로 돌아갈 수도 있을 테고, 아니면 다시 새로운 '있음'으로 변신하기 위해 어느 순간 '없음'의 벽을 훌쩍 넘어설 수도 있겠지. 이건 또 무슨 돌부리에 걸려 뱀 허물 벗겨지는 소리냐, 하겠지? 천체물리학자들은 우주 구조를 설명하기 위해 4차원 시공간을 넘어서 10차원을 말하기도 하고, 브레인이라는 일종의 막에 붙어 있는 브레인우주를 말하기도 해. 과학자들이 이렇게 황당하게까지 보이는 가설을 생각해내는 이유는, 지금 우리가 우주를 이해하는 데에 한계가 있고, 그 한계를 넘어선 상상과 추론이 있어야 납득할 만한 설명을 할 수 있기 때문이야. 이런 그들의 노력에 경의를 표하자고.

과학의 우주, 철학의 우주

수많은 선배 철학자들이 모두 우주의 크기며 역사에 관심이 있었던 건 아니야. 물론 철학의 고향, 그 시작에서는 세상의 원리를 설명하기 위해서 우주론에 관심들을 두었지. 이후에 철학의 범주는 '앎'의 문제를 파고드는 인식론이나, '옳음'이나 '선함'의 문제를 논하는 윤리론, '존재'의 문제에 관한 존재론 등 여러 분야로 나뉘어 철학자마다 전공하는 분야가 달랐어. 그렇지만 우리는 철학이라는 과목을 전공하는 학자가 아직 아니니까, 우리가 관심 있는 모든 분야에 대해 철학적인 호기심, 철학적인 질문을 던지는 게 당연해. 철학은 오지랖이 워낙 넓은 과목이라고 했잖아? 그렇긴 해도 큰 축은, '나는 누구인가?', '우주는 무엇인가?', '이 세상은 무엇인가?'겠지? 통찰력 있는 우주시민이 되기 위해서는, 나와 우주와 우리가 사는 세상에 대한 질문을 늘 품고 있는 게 당연하니까 말이야.

그런데 우리가 사는 세상이나 나에 대한 질문은 모르겠지만, 우주까지 알아야 하는지는 잘 모르겠지? 그래, 실제로는 우리가 만들고 우리가 꾸려가는 이 인간 사회에 가장 많은 관심을 두어야 해. 왜냐하면 우리 사회는 전적으로 우리 자신의 책임이니까, 우리 스스로 지옥을 만들 수도 유토피아를 만들 수도 있으니까 말이야.

그렇긴 해도 우주는 언제나 우리 마음을 뛰게 해. 우주는 나의 모태이면서, 나의 집이면서, 곧 나 자신이거든. 내가 눈을 뜨고 바라봤기 때문에 나의 우주는 나에게 의미 있는 존재가 된 거야. 내가 눈을 감으면 나의 우주는, 적어도 나에게는 더 이상 의미 있는 존재가 아니거든. 그러니까 나의 우주는 곧 나 자신이라고 할 수 있겠지. 와, 뭔가 좀 울컥하지 않니? 울컥하지 않는다고? 이런, 건조한 감성들 같으니라고. 철학의 시작은 경이와 열정이라고 그렇게 말했건만!

　부질없는 소리이긴 하지만, 기적이 있다면, 내가 죽어서 완전히 해체되어 우주 속으로 돌아갈 때 내 눈으로 그 과정을 보고 싶어. 내가 우주와 한몸이 되고, 그래서 우주 '전체'를 단숨에 알아버리는 거지. 살짝 돈 거 아니냐고? 맞아, 누구나 자신의 열망 때문에 맛이 살짝 가는 순간이 있다고. '누구나'라는 데 동의할 수 없다고? 그래, 알았다 알았어.

3

궁극의 진리를 찾아서?

우주 만물을 지배하는 힘?

이렇게 질문을 던져보자. 우주는 질서 정연한가, 아니면 뒤죽박죽인가. 우주에는 진리가 있는가, 없는가. 우주는 논리적인가, 아니면 비논리적인가. 우주의 비밀을 우리는, 또는 누군가는 알 수 있을 것인가, 아니면 누구도 영영 알 수 없을 것인가.

아주 옛날부터 사람들은 우주의 모든 진리를 하나로 관통하는 궁극의 진리가 있을 거라고 믿었어. 진리의 진리, 진리의 왕이 있을 거라는 기대였지. 그 최고의 진리를 알면 나머지 세상의 모든 진리는 저절로 알게 될 거라고 생각했어. 모든 의문을 푸는 궁극의 열쇠가 있다는 거야. 그래서 그것을 '만물의 이론(모든 것의 원리theory of everything)'이라고 해. 여기서 잠깐! 우리는 '진리', '진리' 하며 무심코 말해왔는데, 대체 뭘 가지고 진리라고 하느냐, 이걸 또 묻지 않을 수 없지. 거기에 대해선 논리학자, 수학자, 철학자, 신학자, 시인을 포함한 여러 사람이 나름대로 하고 싶은 말이 있겠지만, 나는 이런 정의에 동의해. 인간의 이성으로 이 세계를 완전히 이해할 수 있을 때, 그 '완전히 이해된 내용', 그걸 진리라고 한다, 이거야. 세계를 무엇으로 완전히, 완벽하게 설명해냈을 때 바로 그 '무엇'이 진리라는 거지. 그렇다고 치면, 과연 그런 게 있을까, 없을까? 그것은 '발견'하는 걸까, '발명'하는 걸까? 그러니까 어딘가에 있는 '궁극의 열쇠' 같은 걸까, 아니면 머리를 맞대고 모여 앉아 '합의'를 보는 걸까?

여기서 또 잠깐~! 남미야, 너의 온몸에 스멀스멀 의문벌레가 기어 다니고 있지? 옆자리 형모도 그새 감염이 되었네? 마치 도를 아십니까, 류의 말 같다 이거지? 뭔가 위대한 하나를 얻음으로써 모든 것을 깨치게 될 거라는 믿음, 바로 그것에 대한 열망에 사로잡힌 사람들이 있어. 어느 순간 활연관통豁然貫通하고 나면 이 우주공간과 억겁의 시간과 인간사까지도 한눈에 다 보일 거라는 믿음이 있지. 빙글빙글 웃는 품을 보니 미진이는 생각이 좀 다른가 보네? 내 생각? 그걸 왜 물어? 나처럼 카리스마가 너무 큰 사람들은 언행에 신중해야 하는 거야. 몰라서 얼버무리는 거, 다 안다고? 일단 패스~.

서양의 고대 자연철학자들도 우주 전체를 지배하는 진리가 있을 거라 생각하고, 그걸 알아내려고 생각에 생각을 거듭했어. 물론 동양철학의 전통에서도 우주를 지배하는 단정하고 아름다운 하나의 진리가 있다는 생각은 매우 견고했어. 물리적인 이 세계를 해명해내려는 과학자들 역시 그 열망에 투철했지. 생명도 지구도 이 우주도 모두 물리적인 현상이 분명한 바, 그것을 설명하고 계산해낼 수식도 분명히 있을 거라고 생각한 거야. 우주의 운행 원리를 하나의 수식으로 완전하게 설명할 수 있으리라는 기대지.

"우주라는 책은 수학의 언어로 쓰여 있다."

갈릴레이(Galileo Galilei, 1564~1642)는 1623년에 이렇게 말했대. 우주는 수식으로 표현되는 규칙, 즉 법칙에 따른다고 생각한 거야. 그 옛날 피타고라스학파와 플라톤을 비롯해서 갈릴레이와 뉴턴(Isaac Newton, 1642~1727)을 거쳐 아인슈타인에 이르기까지 모두가 '만물의 이론'을 탐구했어. 이처럼 모든 것을 하나의 간결한 수식으로 기술하는 건 서구 과학자들의 아주 오랜 열망이었지. 현대 과학자들 가운데서도 만물에 적용되는 궁극의 원리가 있을 거라고 믿는 사람들이 있어. 우주의 탄생과 종말, 생명의 시작, 외계 생명체, 물질과 생명의 본질 등 만물을 단일

한 원리로 모두 설명할 수 있는 궁극의 이론이라는 뜻에서 그것은 '최종 이론'이라고 불러.

> "나는 오직 소년과 같이 해변에서 놀면서 때때로 부드러운 조약돌
> 이나 보통의 것보다 예쁜 조개를 찾는 것을 즐겼던 것 같다. 그리고
> 내 앞에는 거대한 진리의 바다가 발견되지 않은 채 놓여 있었던 것
> 이다."*

　뉴턴이 죽기 이 년 전에 했다는 말이야. 그는 일생 동안 자신의 앞에 놓여 있던 '거대한 진리의 바다'를 '발견'하는 일에 몰두했던 거지. 자신의 공책에 '플라톤은 나의 친구, 아리스토텔레스는 나의 친구, 그러나 나의 최고의 친구는 진리'라고 적었다는 걸 보면 그 일을 얼마나 좋아했는지 짐작이 가지? 뉴턴은 《프린키피아》의 초판 서문에 이런 글도 썼어.

> "철학의 모든 의무가 이것(운동 현상으로부터 자연의 힘에 대해 연구하는 것
> 과 이러한 힘을 통해 다른 현상을 설명하는 것)에 있다고 보기 때문에, 나는
> 이 작업을 철학의 수학적 원리로서 제공한다."**

---

*　'제임스 쿠싱, 송진웅 옮김, 《물리학의 역사와 철학》, 북스힐, 2013년'에서 재인용.

**　같은 책에서 재인용.

뉴턴은 온갖 현상, 모든 사물을 완전히 이해하고 통찰할 수 있는 그 무엇이 있다고 생각했던 것 같아. 그게 실제로 존재하는 원리든, 아니면 그런 게 있다고 믿는 '신념'이든, 아무튼 그런 걸 갖고 싶다는 강렬한 욕망이 있었다는 건 분명한 사실이겠지.

《프린키피아》의 원래 제목은 '자연철학의 수학적 원리'였다지. 책의 제목도 그렇고, 서문도 그렇고, 뉴턴은 '자연의 힘'을 밝히는 일이 철학의 영역이라고 생각했던 것 같아. 자연의 운행 원리를 밝히는 일이 곧 진리를 찾는 일이었던 거지. 그러니까 뉴턴은 과학과 철학을 겸업하고 계셨군.

철학인지 과학인지 그 둘 다인지 잘 모르겠다만, 어쨌든 우주 만물 모든 것의 생성, 소멸, 상호작용을 하나의 통일된 수식으로 표현하고 계산할 수 있다면, 그것은 과학계와 철학계를 막론하고 모두에게 엄청난 경사겠지. 그래서 지금도 가장 관심이 집중되고 있는 이론이 바로 '힘의 통일 이론'이야.

지금 우리 우주를 움직이는 모든 힘은 네 종류로 알려져 있는데, 우주 탄생의 순간에는 하나였을 거라고 해. 그래서 그 네 가지 힘을 하나로 통일해서 읽는 법을 밝혀내려는 게 '통일 이론'이지. (뭐, 궁금하진 않겠지만 이 네 종류의 힘은, 전기력과 자기력을 뜻하는 전자기력, 원자핵 속의 붕괴를 일으키는 약한 핵력, 양성자와 중성자를 원자핵 속에 묶어놓은 강한 핵력, 그리고 중력을 말해. 이 네 개의 힘으로 우리 우주의 작용 원리를 설명하지. 아주아주 작은 알갱이부터 아주아주 큰 은하의 일까지 모두~!) 사람들은 우주를 움직이는 이 네 가지 힘은 머지않아 통일되어 한 가지의 아름다운 방정식이 될 거라고 기대하고 있어. 그렇게 되면 우리 우주의 탄생 순간을 화끈하게 규명할 날이 오겠지? 물론 그런 날은 열 번 죽었다 깨어나도 오지 않는다고 단정하는 사람도 있고, 하마 그런 이론이 튀어나온다 해도 결국 그것이 곧 우주의 본질을 다 설명해주는 최종 이론이 되지는 않을 거라고 생각하는 사람도 있어. 나는 어떠냐고? 음, 모든 가능성을 다 열어두고 있습니다~, 이렇게 밥맛없는 멘트를 날리고 싶진 않아. 솔직히 말하면 난 어떤 쪽에 서야 하는지조차 몰라. 정애야, 갑자기 왜 튀어나오니? 생각이 같으니 포옹이라도 하자고? 이게 무슨, 촌스럽고 쑥스럽고 사랑스러운 제스처니?

우주의 최종 이론은 나를 설명할 수 있나?

그런데 도대체 우리는 왜 그렇게 변하지 않는 궁극적인 하나의 진리에 매료되는 걸까? 그래, 가장 간결한 방정식 하나로 모든 걸 설명하는 것처럼 좋은 일은 없겠지. 내가 살아 있는 동안 그런 게 나온다면 나는 저기 운동장에서 머리에 꽃을 꽂은 채 굿거리장단에 맞춰 춤을 추겠어. 일정한 규칙이 있고, 그 규칙을 일정한 수식으로 표기할 수 있고, 그에 따라 모든 변화를 예측하고 설명할 수 있다면 우리는 과연 우주의 본질을 거의 알아냈다고 할 수 있을 거야. 범우주적 쾌거지. 드넓은 우주 한구석에서 생겨난 지 얼마 되지도 않은 이상한 생명체가 우주의 본질에 다가서다니, 대단하지 않겠어? 에헤라디야~.

그런데 내 친구 경옥이는 이렇게 딴죽을 걸더라고. 우주를 지배하는 힘을 알아내고, 우주를 읽어냈다고 쳐. 그럼 다 아는 걸까? 소립자에서 우주공간 전체까지, 어떤 식으로 생겨나고 소멸하는지 어떤 식으로 움직이는지 다 계산해냈다고 치자. 그래서 우리 우주의 종말이 증발인지 끝없는 팽창인지까지 다 알았다고 치자고. 그러면 이제 우리에게는 더 이상 그 어떤 의문도 남지 않게 되는 걸까? 우주, 너는 뭐냐? 너는 왜 138억 년 전에 문득 이런 모양으로 태어났느냐? 너를 낳은 것은 무엇이며, 너의 소멸은 무엇일까? 게다가, 그럼 지금까지 우리가 아는 한, 우주 최대의 수수께끼인 '생명'은? 그리고 '나'는? 그래, 대체 나는 어쩔 건데? 우주를 지배하는 힘의 논리를 알아냈다고 해서 '나'도 저절로 다 설명이 될까? 우주의 최종 이론이 나오면 우주와 생명과 나를 꿰뚫는 '진리'라는 걸 찾아낼 수 있을까? 내 친구 경옥이가 하는 말이니까 나도 귀퉁이가 낡은 나무 책상 앞에 앉아 에티오피아 예가체프 커피(물론 공정무역 커피라고!)를 마시며 깊이깊이 생각해봤어. 생각의 결론은 말이야……, 뭐? 절대 안 궁금하니까 결론까지 섣불리 말하지 말라고? 정말 무시무시하게 무정한 녀석들!

우주 궁극의 진리는 '42'?

뛰어난 이야기꾼 더글러스 애덤스의 《은하수를 여행하는 히치하이커를 위한 안내서》를 보면, 완전 초슈퍼컴퓨터에게 우주 궁극의 진리를 묻는 대목이 있어. 그도 모든 것을 한 번에 꿰는 진리가 있는지 궁금했나 봐. 어휴, 징글징글하게 귀여운 아저씨 같으니라고! 자, 턱을 팔에 괴고 그의 이야기를 들어봐.

먼 옛날, '인생의 의미를 놓고 끝도 없이 논쟁하는 데 완전히 진저리가 나버린' 초지능적인 범차원적 존재들이 모든 문제를 한 방에 해결할 슈퍼컴퓨터를 만들었어. 그 이름은 '깊은 생각'이야. '깊은 생각'은, 당사자 주장으로는, 우리의 시공간 우주 안에서 두 번째로 위대한 컴퓨터지(자신 이후에 가장 위대한 컴퓨터가 오게 될 것을 이미 알고 있었거든!). '깊은 생각'에게 '삶과 우주와 모든 것'에 대해 묻자, 그는 깊은 생각, 그러니까 깊은 계산에 빠졌어. 그런데 갑자기 어떤 무리들이 몰려와서 기계를 꺼달라는 거야. 분명하게 밝힐 수 없는 부분이 남아 있도록 해달라는 요구였지. '의혹과 불확실성이라는, 엄밀하게 정의된 영역'을 보장하라! 이게 그들의 요구였어. 그 영역에 대한 자신들의 담당권이 보장되지 않으면 파업을 한다고 협박했지. 그들이 누군지 짐작이 가니? 그래, 그들은 '철학자'였어. (흐흐, 우리의 동지들이지.) '깊은 생각'은 그들에게, 자신이 해답을 계산해내는 데 750만 년이 걸린디면서, 그동안은 철학자들이 엄청난 시장 수입을 누릴 수 있다고 꼬드겨. 철학자들은 만족하고 돌아갔지. '깊은 생각'이 750만 년의 깊은 생각을 끝낸 날, 행운의 종족이 그에게 '삶과 우주, 그리고 모든 것에 대한 한 가지 해답'을 물었어. '깊은 생각'은 해답이 분명히 있다고 했지. 그 해답은, 해답은……, 짜잔~! '42'였어. 워워, 진정들 하라고. 민희야, 손톱 그만 물어뜯어. 그래, 정 물어뜯고 싶으면 네 손톱을 뜯어. 왜 인성이 손톱을 뜯는 거야? 어쨌든 답은 42래. 그러면서 '깊은 생각'은 이렇게 말하지. "제 생각에 문제는 여러분이 본래의 질문을 정확히 파악하지 못한 데 있는 것 같습니다." 질문의 진짜 의미를 알게 되면 해답의 의미도 알게 될 거라는 말이지. (자, 여기서, 우리도 생각해봐. 질문의 의미가 뭔지 우리는 명확히 알고 있나? '삶과 우주와 모든 것'이라는 의미 말이야. 머릿속이 갑자기 원자핵을 감싸고 있는 전자 구름처럼 뿌옇지?) 우리의 '깊은 생각'은 그래서 자비를 베풀어. 그 질문이 무엇인지를 말해줄 수 있는 위대한 컴퓨터를 설계해주겠다는 거야. '궁극적인 해답에 대한 질문을 계산해낼 수 있는' 컴퓨터 말이야. 그 컴퓨터의 이름은……, 짜잔~! 바로 '지구'래. 이젠 단체로 손톱을 물어뜯는군. 손톱 끝이 톱날처럼 울퉁불퉁해진 것이, 때로 덤비면 나무도 베겠네!

해답은 42라는데, 우리는 42가 무슨 뜻인지도 모르고, 더구나 애초의 질문이 무슨 뜻이었는지조차 몰라. 이제 다시 질문을 던져보자. 우주를 읽어내는 하나의 방정식이 있을까? 그걸 알아낼 수 있을까? 우리가 생각이란 걸 하기 시작한 이래로 밝혀낸 것은 무엇일까? 우리는 진리를 밝혀왔을까, 우리가 아는 영역을 확장시켜왔을까? 아니, 우리는 우리가 모르는 영역과 아는 영역을 명확히 구분할 수나 있을까? 정말로 우리가 하는 질문이 도대체 무엇을 묻고 있는지 알고나 있을까? 성질 급한 성은이가 몸서리를 치고 있군. 그럴 것까진 없어. 우주시민이 된 이상은, 죽을 때까지, 숨을 쉬듯이 질문을 던지는 거야. 고작 몇 시간 갖고 그리 진저리를 낼 것까지야…….

할 수만 있다면 우리 우주의 멱살을 확 붙잡고 "누구냐, 너는?"이라고 묻고 싶어. 내가 나의 멱살을 잡고 싶기도 하지. 그런데 뭐가 눈에 잡혀야 멱살이든 목살이든 붙잡을 거 아냐? 도대체가 '의혹과 불확실성' 투성이인걸. 가만, 의혹과 불확실성이라고? 맞아, 아까 '깊은 생각'을 멈추게 하려고 몰려든 철학자들이 의혹과 불확실성은 자기네들 영역이라고 했지? 우리 우주라는 녀석에게는 분명 '의혹과 불확실성'의 영역이 있어. 참 고약한 취향이지? 뭣이라, 나쁜 남자의 속성이라고? 그러고 보니 그렇군. 사람을 잡아끄는 불친절한 마성, 우주에게도 그런 게 있군!

리플라스의 악마는 어디로 갔나?

우주의 속성이 '의혹과 불확실성'투성이라는 건 아주 옛날부터 과학자와 철학자를 괴롭혀온 주제야. 의혹과 불확실성이라는 놈이, 관찰자의 한계 때문에 생겨나는 것인지, 아니면 대상 자체의 속성인지도 모를 일이었거든.

프랑스의 수학자 라플라스(Pierre Laplace, 1749~1827)는 이렇게 말했어.

> "만일 세계의 모든 일을 알고 있는 '지성'이 있다면, 그 '지성'에게는 불확실한 일이란 아무것도 없으며, 그 눈은 미래를 모두 내다보고 있는 셈이다."

현재의 모든 것을 샅샅이 알고 있다면, 이후에 일어나는 모든 일을 예측하고 계산할 수 있다는 말이야. 말하자면, 지금 나는 배가 고파. 그런데 오 분 뒤에 내가 우유를 마실지, 사과를 먹을지, 아니면 쓰린 배를 움켜쥐고 쓸쓸히 잠들어버릴지 미리 알 수 있다는 거지. 어떻게? 지금 나의 상황, 행동, 취향 등 모든 조건을 가지고 예측 프로그램을 돌리면 정확한 답이 떨어진다는 거야. 그러니까 오 분 뒤의 내 행동은 이미 지금 결정되어 있는 셈이지. 지금 내가 배고픈 것 역시 이미 좀 전까지의 나의 모든 것으로 말미암아 결정된 결과이듯이 말이야. 실은 우리가 모든 조건을 다 알지 못해서 미처 예측하지 못할 뿐이지, 어쨌든 모든 일은 원인과 결과에 따라 일어난다는 얘기야.

인간의 능력 여하와 상관없이, 우주의 모든 일은 결정되어 있다는 생각, 모든 '경우의 수'를 계산해낼 수 있고 어떤 경우에도 그것에서 벗어나는 일이 생기지 않는다는 생각을 '결정론'이라고 해. 그리고 우주 만물의 모든 결정을 다 읽어낼 수 있는 그 어마어마한 '지성'을 '라플라스의 악마'라고 불러. 그런데 참 재미있지? 많은 사람들은 우주의 그 모든 것을 다 예측할 수 있고, 이미 스스로 그렇게 결정해놓은 능력자를 일컬어 '신'이라고 하니까 말이야. 한쪽에선 '신'으로, 한쪽에선 '악마'로 부르는 거지.

이런 결정론은 20세기에 들어서 원자, 전자 등 아주 작은 세계, 그러니까 미시 세계를 보는 양자역학이 발전하면서 흔들리게 되었어. 소립자 단위의 물리학인 양자물리학에서는 어쩌면 '아는' 것 자체가 불가능할 수도 있다고 말하지. 이를 '불확정성 원리'라고 하는데, 처음엔 관측의 한계를 말한 것이지만, 이제는 소립자 세계 자체의 속성이 그렇다는 게 알려져 있어. 우리 물질계의 기본 속성이 이렇게 불확실함이라면, 우리는 더 이상 우리 우주를 단정하고 간결한 원리로 움직이는 완벽한 체계라고 말할 수 없는 게 아닐까? 이것도 아니고 저것도 아닌 것으로 이뤄져 있다면, 그 안에서 어떤 원리를 읽어내는 게 애당초 불가능한 것 아닐까? 아예 그런 원리라는 게 처음부터 없다면? 라플라스의 악마도,

신도 대체 무엇을 읽어낼 수 있다는 걸까? 아, 저기 영식이가 벌떡 일어서는구나. 예쁜 미수야, 영식이 좀 잡아줘. 아, 잡아달라니까 왜 같이 나가려는 거냐? 갑자기 회의론이 마구 몰려들었니? 표정을 보니 그랬구나. 자, 진정하자고. 진정하고 앉아서 스스로에게 물어봐. 우리가 알려는 게 우주를 꿰뚫는 오직 하나의 진리나, 모든 것이 쓰여 있는 달력 같은 거였어? 이 우주를 불확실성이 지배한다면 도저히 불안해서 살 수가 없었어? 그렇다면 다 안 다음에는 뭐 하려고? 봐, 봐. 다 안 다음에 딱히 할 것도 없으면서 그래. (그래도 영식이를 위로하기 위해서 위대한 과학자 스티븐 호킹Stephen Hawking의 생각을 슬쩍 말해줄게. 호킹은 우리가 보는 우주는 명백하게 '물리적 현상'이기 때문에 '물리'를 통해서 완전히 규명할 수 있어야 한다고 생각했대. 그래서 우주를 설명하는 데 '우연'이 개입하는 걸 싫어했다지. 어때, 좀 위로가 됐어?)

　정말로 큰 난제가 우리 앞에 있어. 그 문제를 따지지 않고 우리 뇌를 초속 30만 킬로미터를 달리는 빛에 실어놓는 건, 엉덩이 빨간 원숭이가 온천물에 앉아 도 닦는 소리 하는 것과 같지. 그것은 관찰 대상이 아니라 관찰하는 나 자신을 따져봐야 한다는 문제야.

　우주에 대해서 우리는 진리를 알 수 있을까? 우리는 아는 것과 모르는 것을 구분할 수 있을까? 이 질문을 하기 위해선, '안다', 또는 '알아낸다'는 행위를 하는 주인공 당사자를 먼저 따져봐야 해. 그에 대한 믿음이 있어야 그가 아는 게 진리인지 아닌지도 알 수 있는 거잖아? '깊은 생각'이 지적했듯이 '질문을 제대로 이해나 하고 있는지'를 질문자에게 먼저 되물어야 하는 거야. 그건 철학에서 '인식론'의 범주에 속해. 골치 아픈 주제겠지? 정말 '깊은 생각' 같은 게 있어서 우리 대신 깊은 생각을 해주면 얼마나 좋겠어? 우리는 그냥 해답만 보면 될 테고. 그런데 '깊은 생각'의 말을 들어보니까 그는 오히려 우리보고 질문이 뭐였는지부터 공부해 오라잖아? 이제 우리는 내가 보는 세상에 대한 궁금증에서 바로 나 자신에 대한 궁금증으로 눈을 돌릴 때가 되었어. 그게 로봇이 눈알을 돌려서 몸 안을 살펴보듯 간단한 일이면 좋을 텐데, 우리는 순전히 머릿속으로만 해결해야 하다니, 애석하지? 그 전에 우리의 아름다운 우주를 마무리하는 의미로 뜨개질하는 법을 알려줄게.

우주는 뜨개옷이야

어쨌든 우주를 완전하게 읽을 수 있는 간결한 원리가 있을 거라고 믿는(안다) 사람들과, 그런 것은 없다고 믿는(모른다) 사람들이 있어왔고, 있어. 누구의 편을 들어줄 건지는 각자 알아서 할 일이야. 다만 판단에 도움이 될 법한 어떤 아저씨 생각을 말해주지. 일리야 프리고진(Ilya Prigogine, 1917~2003)이라는 러시아 출신 과학자는 '복잡성의 과학'으로 유명한데, 그는 모른다와 안다의 중간 지점에 있어. 그렇다고 '모호함'

올 택한 건 아니야. 프리고진은 《혼돈으로부터의 질서》라는 난해한 책을 통해서 "이 세계는 불확실성으로 가득 차 있는 가운데 그 안에서 변화하는 질서를 스스로 만들어가는 자기 구성의 세계다"라고 했거든. 아무튼 우주 안에서는 뭔가 사건이 일어나고 있는데, 이것을 프리고진식으로 말하면 '자발적인 자기 조직화'라는 거지. 우주는 '변화하는 질서'를 스스로 만들어가고 있다는 말이야. (맞나요, 프리고진 아저씨?)

우주는 언제나 질서 자체를 스스로 만들어가는 과정에 있기 때문에, 그리고 그것은 불확실성의 세계에 속한 일이기 때문에, 앞으로 어떻게 변화될지 알 수 없어. 다만 뒤돌아볼 수 있을 뿐이지. 마치 무엇이 될지 알 수 없는 옷을 뜨개질하는 것과 같아. 어떤 실이 당겨져 올라올지도 모르고 어떤 옷이 만들어질지도 모르지만, 어쨌든 뜨개질을 하고 있어. 어제까지 만들어진 건 기다란 직사각형이야. 그렇다고 이것이 목도리가 될 거라고 단정할 수 없지. 왜냐하면 오늘도 뜨개질은 계속될 거고, 내일도 계속될 거거든. 어떤 형태가 되어갈지 모르지만, 다만 알 수 있는 건 지금 내 눈앞에 있는 것은 직사각형 뜨개옷이라는 거지. (이 비유도 맞나요, 프리고진 아저씨?)

이 생각대로라면, 이 우주는 아주 흥미진진한 대상일뿐더러 매우 조심스러운 대상이야. 모든 순간 스스로도 모르는 무엇인가로 변화해 나가니 흥미진진하지. 그리고 그 구성에 나도 참여하고 있으니 매우 조심스러울 수밖에 없어. 영국의 철학자 화이트헤드(Alfred Whitehead,

1861~1947. 그런데 이름이 왜 이런지 궁금하네~.)가 "모든 건 프로세스process, 곧 변화하는 과정이다"라고 한 것도 이런 뜻에서였을까?

우리는 뜨개질을 하듯이 끝이 정해지지 않은 이야기를 만들어내는 중일까? 여기에 대해서만큼은 대답하고 싶어. "그렇다"고. 우주가 그런지 어떤지는 잘 모르겠지만, '나의 우주'는 그런 것 같아. 왜 내가 여기서 굳이 '나의 우주'라고 하느냐면, 나는 나의 우주에 관해서 다소 낭만적인 생각을 하고 있어. 어머나, 논밭의 개구리가 오뉴월에 떼창하는 것 같은 이 소리는 뭐지? 야유? 좋아, 다시 말하지. 꽤 많이, 상당히, 무척, 지나치게 낭만적이지. 나는 내가 눈을 뜨고 있는 동안만큼만 이 우주가 나에게 유효하다, 이렇게 생각해. 내가 태어나서, 내가 바라봤기에 이 우주가 내게 의미 있는 거라고 생각한다 이 말씀이야. 내가 사라지면, 그때에도 우주는 남아 있을지 말지 모르지만, 내가 참견할 방도가 없으니 그 우주는 나의 우주가 아닌 셈이지.

그래서 나의 우주는 그 나이가 138억 살이든 아니든, 나에게는 내가 살아 있는 백 년 동안만 의미 있는 존재야. 여러분도 마찬가지겠지. 우리는 모두 백 년 동안 각자의 우주 이야기를 지어가고 있어. 그러고 보니 우린 양쪽에 동시 출연하고 있네? 한 명 한 명은 네 우주 속에 내가 있겠지만, 내 입장에서 보자면 내 우주 속에 여러분이 있어. 와, 이 대목에서 악수라도 한번 하자. 어쨌든 그러니까, 나는 이왕이면 뭔가 재밌는 이야기를 구성해갈 필요가 있겠지? 나의 삶이란 것도 결국 내 세계, 내 우주의 '지기 구성'에 동참하는 거니까 말이야. 그런데 이 재밌는 스토리에 극적인 장면 하나가 들어가면 좋겠어. 외계인을 만나는 거 말이야.

　부질없는 생각 같기는 하지만, 저 멀리 있는 어떤 항성계에 우리보다 훨씬 뛰어난 지적 생명체가 있다고 가정해보자고. 그들이 우주에 대해서 우리보다 훨씬 많은 것을 밝혀낸 후 그 정보를 우리가 해독할 수 있는 형태로 지구 쪽을 향해 쐈다고 쳐. 우리가 그걸 받아보는 행운이 있을까? 맞아, 성우야, 네가 고개를 설레설레 흔드니까 내 맘이 더 무거워져. 너는 지금, 어떤 외계인이 모든 것을 알려주는 신호를 우리에게 보낸다 해도, 그것이 도착할 때쯤 지구에서 우리 인간 종족은 이미 사라지고 난 뒤일지도 모른다는 말을 하려는 거지? 아니면 아예 지구가 사라졌든지……. 아, 우주 친구도 못 만나보고 인간이 사라질 수도 있다는 생각을 하니 슬픔이 해일처럼 밀려오네. 우리도 우주탐사선 파이어니어 10호와 11호에 지구와 인간의 간단한 정보를 그림으로 그린 금속판을 실어서 우주 저편으로 보냈는데, 그걸 받아보고 누군가가 우리에게 인사를 하고 싶어 할 때, 우리가 사라져버렸다면 어떡하지? 그래서, 잠시 청승을 떨어본다, 이렇게. 아, 도대체 우리 인간이란 뭐길래, 우주 한 귀퉁이에서 생겨나 이토록 외계 친구들을 그리워하며 외로워하다가 알 수 없는 우주를 품은 채로 살다 간다는 말이냐……! 잠시 숙연했지? 아니, 아니, 숙연아, 깜짝 놀라지 마, 네 이름을 부른 게 아니야. 우주를 부르다 보니 이제 사무치게 외로운 우리 자신을 부를 때가 되었다는 숙연한 사실을 떠올렸을 뿐이지. 자, 다 같이 물어보자고. "인간, 너는 누구냐~?"

· 4부 ·
나는 생각한다, 나를

1

'나'라는 인간을
이해하기

소크라테스의 무서운 한마디

"나는 발밑(사실은 내 안)에 있는 까마득한 깊이의 골짜기를 내려다보
듯이, 무수한 세월을 바라보자 그만 어지러웠다."

이런, 미처 다 듣기도 전에 머리를 감싸 쥐다니……, 그렇게 감동적
이었니? 아니, 고통으로 어질어질하다고? 이해해. 우주여행의 피로 때
문이지 뭐. 너무 멀리 다니다 보니 피곤하기도 하겠지. 하지만 안심해.
이제부턴 아주 가까운 곳을 여행하게 될 거니까. 얼마나 가까우냐고?

바로 지금, 여기, 나 사신이야. 어라, 정내야. 닌 또 왜 벌띡 일어서는 거냐? 내가 왜 선생님을 여행해요, 나의 여행지는 선생님이 아니에요, 라고? 걱정도 풍년일세~. 걱정 마, 나의 나라는 오직 나 자신에게만 비자를 발급한단다. 음, 다들 손발이 오그라들었네? 오그라든 손으로 뭘 그렇게 집어 던지냐? 어이쿠!

앞에서 인용한 문장은, 프랑스 소설가 프루스트(Marcel Proust, 1871~1922)의 소설 《잃어버린 시간을 찾아서》에 나오는 말이야. 내가 인간을, '나'를 이해한다는 것은 이렇게 어지러울 만큼 아득한 일이겠지. 우리는 지금부터 '나'를 들여다볼 텐데, 결론부터 말하면, 우리는 모두 각자의 세계를 갖고 있어. 물리적으로는 누구에게나 같은 수치로 표현되는 시공간이지만, 그래서 한시대 한공간에서 살고 있다고 느끼지만, 내가 있어 의미 있는 나의 세계와 네가 있어 의미 있는 너의 세계가 똑같지는 않지. 너에게 나는 네 세계 속 사람이지만, 나에게는 내가 네 세계 속 사람이 아니야. 나의 세계는 나와 함께 있고, 나와 함께 소멸할 거야. 그럼 내가 소멸하고 난 다음에는 이 세계가 없어지냐고? 글쎄, 어떻게 될 것 같아?

나는 누구인지, 내가 어떤 사람인지 참 궁금해. 꼭 누군가를 다 알아야 그를 사랑하게 되는 건 아니지만(오히려 사랑의 조건은 '모른다'는 것일 수도 있어. 흐흐, 사랑을 해보면 알게 되는 진리야.), 나는 나를 몰라서 나를 사랑할 수 있을지 없을지조차 모르겠더라고. 내가 날 다 해명하고 죽어야 하는데, 죽을 때까지 내가 날 모르고 죽게 되면 어쩌나 하고 불안했어. 내 능력 갖고서는 안 되니, 어떤 위대한 지식(지성)이 날 해독해주면 좋겠다는 생각도 했지. 그러다 내가 날 알고 말고가 문제가 아니라, 아예 '나'라는 게 정말 있는지, 없는지조차 영 모르겠다는 절망적인 생각도 들었어. 내가 가진 많은 가면이 나를 헷갈리게 했거든. 어떤 건 가면이고 어떤 건 아닌 것 같은데 구분이 안 가는 거야. 이런 혼란은 지금도 계속되고 있어. 아직도 나는 잘 모르는 나와 사귀어가고 있는 중이야. 내 앞에 나라는 존재는 영원한 수수께끼니까.

"너 자신을 알라."

소크라테스는 참 무서운 분이야. 너 자신을 알라니, 이게 얼마나 무시무시한 말이야? 만약 '다른 건 둘째 치고 너 자신부터 알아라'라는 말이었다면, 평생토록 첫 번째로 해야 하는 엄청난 숙제가 주어진 셈이야. '안다'는 건 또 얼마나 무서운 말이야? 얼마나 알아야 '안다'고 말할 수 있는지도 잘 모르겠는데 말이지. 어쨌든 '나는 누구인가?'라는 것은 평생 우리 자신을 사로잡는 질문이니까, 좀 쑥스럽겠지만 그 화두를 여기서 잠깐 붙잡아볼까 해. 우선은 인간이란 생물에 대해서 알아보고, '나'는 무엇을 의미하는지 살펴보자. 그 다음엔 어떻게 나의 삶을 꾸려갈 것인가를 말해보자고. 그러니까 인간, 나, 인류, 이렇게 세 가지 측면에서 나를 탐구하자는 거야. 친절도 하지? 뭐라? 그런 친절은 필요 없다고?

생명의 시작, 그 감격스러운 '대탄생'

나는 미처 몰랐네

그대가 나였다는 것을

달이 나이고 해가 나이거늘

분명 그대는 나일세[*]

사회운동가였던 장일순 선생이 읊은 아름다운 시구야. 도대체 무슨 소리냐고? 후후, 모든 것의 시작은 하나였다는 말씀이지. 자, 들어봐.

'나'는 언제 시작되었을까? 아니, 뭘 고민하고 있어? 대략 138억 년 전 시작되었겠지. 또 그놈의 우주가 어쩌고 한다고 볼멘소리가 터져 나오는군. 그게 우리가 밝혀낸 사실인 걸 어쩌겠어? 그런데 자꾸 말하다 보니 138억 년도 좀 갑갑하지 않아? 138억 년이라는 시간의 틀 속에 확 가두는 느낌이란 말이지. 난 좀 갑갑해. 어쨌든 틀이 생기면, 그 틀은 곧 '작은 것'이 되고 말거든. 그 틀이 놓인 바깥에서 본다면 틀은 항상 바깥보다 '작은 것'이 되는 셈이야. 혜시의 말처럼 가장 큰 것은 '바깥이 없는 것'이니까.

자, 지금부터 단숨에 우주 탄생에서 지구의 생명 탄생까지 주르륵 읊

---

[*] 김익록 엮음, 《나는 미처 몰랐네 그대가 나였다는 것을》, 시골생활, 2010년.

어볼 테니까 한번 들어봐.

'없음'에서 갑자기 한 점이 생기고, 그 점에서 우리 우주가 쏭~! 하고 터져 나왔어. 우리 우주는 생겨나자마자 작열하는 불덩어리로 빵~! 하고 폭발하고 곧이어 급격히 쑥~! 팽창했지. 그 속에서 소립자가 퐁~! 탄생했어. 공간이 팽창하면서 온도가 푸슈슝~! 내려가기 시작했고 소립자끼리 결합해서 양성자와 중성자 등이 생겨나 우주공간을 어지럽게 파바박~! 날아다녔지. 이때의 우주는 뜨겁고 뿌연 사우나탕 같았을 거야. 우주 탄생 38만 년 후 전자와 원자핵이 덜컥~! 결합해서 원자가 탄생했고, 빛은 비로소 원자와 원자의 넓어진 틈새로 쭈욱~! 직진하기 시작했어. 뿌옇던 우주가 '맑게 갠' 거야. 그로부터 3억 년이 지나자 우주에서 최초의 별이 쏭~! 생겨나고 그 별들이 모여서 은하들이 만들어지기까지 2억 년 정도 걸렸지. 우주 탄생에서 90억 년쯤 지나면 드디어 성간물질에서 우리의 태양계가 짜잔~! 탄생해. 초기태양은 물질들이 압축되면서 핵융합반응이 활활~! 일어났고, 에너지를 펄펄~! 방출하기 시작했어. 지금으로부터 약 46억 년 전쯤의 일이지.

이때 생겨난 지구는 처음엔 소행성과 운석의 파박~! 충돌로 뜨겁고 유독성 기체가 가득 찬 지옥 같은 풍경이었겠지. 이어서 시커먼 구름에 싸여 비가 쏟아지고 번개가 콰광~! 치는 드라마틱한 시간이 흘렀을 거야. 그러다 40억 년에서 38억 년 전 사이에 바닷속에서 유기물들의 우연한 엉김이 슬금슬금 생겼어. 그러던 어느 날, 드디어 지구 역사상 가상 극적인(우리 입장에서 말이야.) 어떤 사건이 일어났는데, 그게 바로, 빠밤~! 생명의 탄생이야. 앞서 말했던 유기물 덩어리 중에 어떤 것이 우연히, 정말 우연히 스스로 후손을 만든 거지. 자기 정보를 복제해서 무언가를 휘리릭~! 만들어낸 거야. 즉 자기 정보를 복제해서 다음 생명에게 전달한 거지. 이 우연한 단 한 번의 대사건으로 지구에서는 생명의 긴 역사가 시작되었어.

익살 넘치는 재담가 빌 브라이슨Bill Bryson은 이 우연한 순간을 감격해 마지않으며, (이 사건 이후로 생명 전달이라는 이 일이) "한 번도 멈춘 적이 없었다. 그것이 바로 우리 모두가 창조되는 순간이었다"*라고 말했어. 이 순간을 생물학자들은 '대탄생Big birth'이라고 부른대. 그리고 그 끄트머리에서 인간이라는 참 독특한 생물이 생겨나 우주에 대해서 이러니저러니 하고 아는 체하기 시작했지.

최초의 전달자, 그 덩어리 하나가 바로 우리의 조상이야. 지구상의 모든 생물, 모든 생명체는 40억 년 전쯤 바로 우연한 하나의 생명체에서 시작된 거지. 그런데 잠깐, 그렇다면, 생명의 정의는 뭘까? 물론 여기서 말하는 생명은 '지구형 생명'을 말해. 우리는 아직 지구의 생명밖에 보질 못했으니, 이 우주의 다른 생명까지 포함하는 정의를 내리지는 못하는 거야.

---

* 빌 브라이슨, 이덕환 옮김, 《거의 모든 것의 역사》, 까치글방, 2003년.

"모든 생물은 신이 제작한 기계다"라고 말한 데카르트부터, "생명이란 다원적 진화를 수행할 수 있는, 자율적 화학 시스템이다"*라는 정의를 채용한 나사NASA까지 생명의 정의는 다양하게 변화해왔어. 1943년 물리학자 에어빈 슈뢰딩거(Erwin Schrödinger, 1887~1961)는 '생명이란 무엇인가?'라는 강연에서 생명의 조건으로 '자기복제'와 '대사代謝'를 꼽았고 이후로 이 두 가지는 생명의 주요 내용이 되었지.

아무튼 나도, 너도, 개도, 닭도, 잠자리도, 뱀도, 사과나무도, 바오바브나무도, 모든 생명은 한 가지 방식의 생존 시스템을 가진다는 말이야. 40억 년을 한결같은 방식으로 생명의 끈이 이어지게 만든 그 하나의 생명, 그것을 생각하면 정말 애틋해. 나의 시작이 바로 그것이니까 말이야. 작고 흐물흐물하고 단순한 알맹이였겠지만, 그게 나의 조상님이잖아? 지금 나의 생명도 그 근원을 따지자면 어느새 40억 살이나 먹은 셈이지. 게다가 앞으로 얼마나 더 생명의 긴 줄을 이어갈 수 있을까를 생각하면, 감전된 것처럼 찌릿찌릿하지 않아? 찌릿찌릿이 아니라 너무 큰 숫자들을 생각하느라 머릿속이 노릇노릇 타들어갈 지경인가? 하하!

과학자들은 인간 생명의 기본 설계도를 읽어냈고, 다른 동식물들과 비교도 해봤어. 이 정도면 우린 인간에 대해서 참 많은 걸 알아낸 것 같기도 해. 하지만 아직 멀었어. 데카르트는 "인간이 아닌 존재들은 삶의

---

* 월간 〈뉴턴〉 2013년 7월호, '생명이란 무엇인가?'에서 재인용.

어떤 목적도 없는 단순한 동물기계"라고 했지만, 그렇다면 우리는 단순한 동물기계에서 얼마나 벗어나 있는 것 같아?

'나'는 누구지? 나는 인간이라는 생물학적 기반 속에 있는 하나의 개체야. 그런데 나라는 개체가 속한 인간을 안다 하더라도 '나'에 대해서는 얼마만큼이나 접근할 수 있을까? 인간이라는 생물에 대해 안다는 말은, 나의 생물로서의 측면에 대해 안다는 말이겠지. 그리고 물론, 그건 굉장히 중요한 일이야. 그렇지만 우리는 모두 알고 있어. '나'는 그게 다가 아니란 것을. 그렇다면 '나'는 생물을 뛰어넘는 어떤 의미가 있는 존재라는 말일까? 아니면, 혹시 그렇다고 착각하고 있는 건 아닐까? 진화생물학자 데스먼드 모리스Desmond Morris가 한마디로 정의한 것처럼 우리가 '털 없는 원숭이'인 것은 분명해 보여. 그런데 '털'이 없는 대신 뭔가 다른 게 있지는 않나? 우울한 고백이지만, 나는 나와 내 몸 사이에 어떤 관계가 있는지 잘 몰라. 나는 누굴까? 나는 내 몸속에 있을까, 내 몸 바깥에 있을까, 그 둘 사이 어디쯤에 있을까?

생명의 목적은 유전자의 전달?

물론 앞서 말한 건 생물학에서 말하는 생명의 정의, 생명의 조건이야. 그러면 생명은 왜 그런 식으로 살아온 걸까? 역시 진화생물학자인 리처드 도킨스Richard Dawkins는《이기적 유전자》라는 책에서 "생물이란 유전자를 전달하는 숙주일 뿐이다"라고 단정했어. 생명에서 생명으로 이어지는 본체를 보니까, 태어나고 살고 죽는 게 결국은 유전자의 전달 과정이었다, 이거지. 이런 얘길 들으니, 40억 년 동안이나 뭔가의 음모에 이용당하고 살아온 것 같아 억울하고 분하지? 진정해, '이기적'이라고 표현한 건, 그 자신도 말했듯이 '은유'야. 유전자가 이기적인 의지를 갖고 있다는 게 아니라. 하지만 솔직히 말해서 생물이 태어나고 살다가 자손을 남기고 죽는 과정을 아주 단순하게 보면, 유전자의 전달 과정인 것처럼 보이기도 해. 그렇다면 '유전자의 전달' 자체가 생명현상의 본질일까?

음, 그렇지! 저 불만에 가득 찬 성은이의 얼굴을 봐. 뭔가 부족하다, 이거지? 중요한 뭔가가 빠진 것 같다, 이런 거지? 맞아, 물론, 물론, 물론 그래. '이러이러한 것을 생명이라 한다'고 했지만, 위에서 말한 건 마치 "살아 있는 걸 생명이라 한다"고 한 셈이나 마찬가지야. 동어반복이지. 결국 이 정의에서는 얻는 게 없어. 생명이라고 분류하는 조건은 제시했지만, 왜 그렇게 '살게' 되었는지, 도대체 어떤 원인이 자기복제와 물질대사를 하게 만들었는지에 대해선 여전히 '알 수 없음'으로 남아 있거든.

말하자면 우리는 단순한 분자들의 우연한 집합에서 도대체 어떤 '의지'가 복제와 대사라는 '엄청난 사건'을 일으키고, 그 단 한 번의 사건을 단절 없이 반복하게 하는 '또 한 번의 엄청난 사건'을 일으켰는지 알 수 없어. 도대체 왜, 살아가게 되었을까. 달도, 화성도, 금성도, 목성도, 센 다우르스자리 알퍼별도 그냥 암석으로, 기체로 잠자코 있잖아. 그런데 지구에서는 왜 뭔가가 꿈틀거렸을까? 우리는 그것을 '생명'이라고 하는데, 그 생명의 첫 한 방울은 왜 처음에 그렇게 엉겼을까? 그리고 왜 그것이 쉼 없이 이어져왔을까.

지금은 도킨스 말대로 '이어짐', 그 자체가 생명의 유일한 목적인 듯 보여. 우연히 첫 번째 이어짐이 생기고, 그것이 40억 년 동안 연속되다 보니 그 현상을 달리 말할 수가 없어서, '이어짐'이야말로 생명의 유일한 본질이요 목적이다, 라고 말하는 건지도 몰라. 그렇다면 이미 목적이 되어버린 첫 번째 '우연'을 두고서 왜 일어났을까라고 물을 수 없겠지. '우연'에게 '왜 우연이란 놈이 우연히 생겼나'라고 묻는 셈이니 말이야.

맞아, 도균아, '왜'는 무슨 왜? 그런 것 없어, 그냥 어쩌다 보니 그렇게 된 거야! 이렇게 외치고 싶겠지? 자크 모노(Jacques Monod, 1910~1976)라는 분자생물학자는 생명에 대해서 '맹목적인 완전한 우연의 산물'이라고 말했대. 어쩌다 보니 생겨났다는 말이지. 아, 이건 마치 천사 같은 얼굴의 어린아이가 눈을 보석처럼 빛내며, "엄마, 나는 어떻게 생겨났어요?"라고 기대에 가득 차서 물었을 때, 무심한 엄마가 한숨을 쉬며 "어쩌다 보니 네가 생겼더구나"라고 대답하는 것과 같아. 뭔가 있을 거 같았는데, 아니었다 이거지. 진실은 매정하고, 쌀쌀맞으며, 냉정할 때가 많아. 그래서 사르트르(Jean Paul Sartre, 1905~1980)도 새침한 얼굴로 이렇게 말했다잖아? "우주는 인간의 목적에 무관심하다."

그런데 앞서는 우주도 우연히 '없음'에서 생겨났다고 하더니, 이제는 지구 생명도 우연에서 생겨났다고 하네. 그렇다면 지구 밖의 외계 어딘 가에서도 '우연'으로 생명이 생겨났을 수도 있겠지? 그래, 그 '우연'을, 우연히 만나기를 기다린다고! 몹시 기다린다고! 왜냐고? 그럼 덜 외로울 것 같고, 뭔가 신나기도 할 것 같고 그렇거든. 우리는 아직 우리 한계에 갇혀 있지만, 누군가는 우리가 갇혀 있는 한계 정도는 우습게 넘어섰다는 말이잖아. 그들이 우리에게 신호를 보내고, 우리에게 놀러 오는 그때가 오면 우리는 생각의 영역이 엄청나게 확장되는 경험을 하게 되겠지. 생명이니 존재니 하는 개념 자체를 확 넓혀야 하는 거니까. 그러고 보니 그들이 겸손한 존재여야 할 텐데 좀 걱정이네. 다시 한 번 고백하자면 나는, 우리의 외로운 어깨를 토닥거려줄 외계인을, 그들이 보낸 신호를, 날마다 기다려.

우주의 목적은 삶의 전개다

여기서 잠깐 생각해볼 게 있어. 그건 '불멸'이야.

생명이란 40억 년 전 자기복제를 시작한 이래로 한 번도 멈추지 않고 이어졌다고 했어. 그렇게 보면 자기복제란 결국 생명이 그 스스로를 불멸로 이어가기 위한 작업이라고 할 수도 있겠네. 그렇다면 생명의 목적은 불멸일까?

자기복제를 하고 나면 일단 생명의 목적은 이루는 셈이니, 미련 없이 '생명의 과정'에서 내려올 수도 있겠군. 수많은 알을 강물에 뿌리고 강바닥에서 죽어가는 연어도 있고, 제 죽은 몸을 갓 태어난 새끼들의 먹이로 내놓는 수컷 가시고기도 있어. 심지어는 교미 중인 암컷에게 머리부터 와작와작 깨물려 삼켜지는 수컷 사마귀도 있고. 목적을 이뤘기에 기꺼이 목숨을 내놓는 거야(어쩌면 목숨을 내놓는다는 것조차 느끼지 못하는 건 아닐까.). 그렇지만 이런 특별한 경우를 제외하면 생물은 자기복제의 목적을 이룬 다음에도 '생명의 과정'에서 내려오기를 두려워해. 역시 생명체는 지금 생의 불멸을 꿈꾸는 걸까? 우리 안의 생명의 목소리가 우리 귀에 대고 '죽지 마라', '죽기 싫다'고 끝없이 속삭이는 걸까?

여기서 또 잠깐~! 우리같이 평범한 인간들에게 한 가지 위안되는 말씀이 있어. 고대 그리스 철학자 에피쿠로스의 말이야. 흔히들 쾌락주의자라고 알고 있지만, 실은 그는 '지금 이 순간 자신의 삶을 최대한으로 즐기라'고 말했다는 거 이제 알지? 물론 생명의 빛나는 순간순간을 즐기라는 말이지 말초적인 쾌락에 탐닉하라는 말이 아닌 거야. 아무튼 에피쿠로스가 이렇게 말했대.

"우리가 존재할 때 죽음은 아직 없고, 죽음이 존재할 때 우리는 이미 없다."

우리는 자신의 친구나 부모의 죽음은 느낄 수 있지만, 자신의 죽음은 느낄 수 없어. 왜냐하면 내가 죽으면 더 이상 내가 없기 때문이지. 우리가 몰두할 것은 살아 있는 나, 나의 삶이라는 거야.

자, 그렇다면 우리에게 중요한 건 자기복제나 불멸의 의지가 아니라 나의 '삶'이야. '살아간다'는 것이지. 우리 각자는 스스로 자기 삶을 살아가며 자기를 이뤄가는 존재이기에 중요한 건 그 각자의 삶이지. 나는 이제껏 한 번도 지구상에 나타난 적이 없었던, 이 우주에 생겨난 적이 없었던 유일한 생명체이기 때문이야. 크게 보면 시공간을 통틀어 유일무이한 존재지.

나만 그런 것도 아니고, 모든 탄생이 다 그렇겠지. 예전에 없던 존재, 앞으로도 없을 존재. 오직 '지금, 여기에만' 있는 존재. 나도, 너도, 우리 엄마, 아빠도, 할머니도, 내 친구도, 내 사랑(들)도(아, 아, 아, 아, 아, 아, 아, 아! 여기서는 감탄사 무한대로! 여러분은 이해 못 하겠지만~), 푸른 말도, 수리부엉이도, 흰긴수염고래도, 미스김라일락도……. 이렇게 하나하나 호명하다 보면 결국엔 생의 모든 순간을 다 호명해야 될 것 같아.

나는 태어나는 순간부터 나의 삶을 차곡차곡 쌓아나가. 내가 살아 있는 한 내가 달려온 길은 내 발뒤꿈치까지 닿아 있어 사라지지 않으니까 말이지. 그럼 이제 우리는 이렇게 말할 수 있겠지. 어쨌든 생명이란 살아가는 것이고, 결과적으로 그 목적이 무엇이었든 간에, 차곡차곡 자기 삶을 쌓아가는 것, 그래서 우주 안에서 유일한 존재로서의 '나'를 구성해가는 것, 그것이 내 삶의 의미야, 라고.

이렇게 '생명'이 하는 일, 생명으로서의 일이란 걸 생각하면서, 그것을 자기 구성이나 자기 조직화라는 말로 쓸 수 있다면, 프리고진은 자기 말을 잘 이해했다면서 기뻐할까? 어쨌든 우리는 이 대목에서 다음과 같은 스콧 니어링(Scott Nearing, 1883~1983) 할아버지의 말에 찬사를 보낼 필요가 있을 것 같아.

"우주의 목적은 삶의 전개다."

그런데 스콧 니어링이 누구냐고? 그는 자기 생각과 자기 삶을 일치시킨, '조화로운 삶'을 살고 백 살(!) 되던 해에 스스로 삶을 마감하신 사상가야.

"우주의 장엄한 일에 기쁘게 책임감을 갖고 참여하며 우주 안에서 산다."

는 멋진 말도 하셨지. 아주 훌륭한 우주시민이셨다는 말이야. 우주의 목적은 삶의 전개다, 너무 시적이지? (그런데 철학자들은 이렇게 시적으로 모호하게 말하는 걸 남발하면 안 된다는 거~.)

2

공장으로 가자, '나'를 만들러

나를 어떻게 만들지?

시를 한 수 읊을 때야.

나는 걷는다
하늘 맨 아래에서
바다의 맨 위로
내가 걷는다
서편 하늘 초승달이

해를 내려다보는 초저녁이다

나는 걸었다

자궁에서 나온 길은

모두 무덤으로 이어져 있었다

모든 길은 땅으로부터

한 치도 떨어져 있지 않았다

바다에도 단 한 뼘 빈틈이 없었다

나는 걷는다

젖은 신발 벗어

해에게 보여주지 않는다

달의 뒤편을 궁금해하지 않는다

오래된 책을 굳이 읽지 않는다

전쟁과 전쟁 사이가

평화라고 생각하지 않는다

시간이 어떤 의지를 갖고 있으리라고

나무가 인간을 먼저 배려하리라고

나는 믿지 않는다

국가는 걷지 않는다

기업은 걷지 않는다

경전은 걷지 않는다

문명은 걷지 않는다

인류는 걷지 않는다

나는 걷는다

내가 걷는다

– 이문재, 〈나는 걷는다〉

이 시인은 무슨 생각으로 이런 시를 썼는지 모르겠지만, 읽다 보니 여태껏 우리는 참 많은 수다를 떨어왔구나, 하는 생각이 들어. 원래 시인은 말이 짧고, 철학자는 깨알같이 많은 말을 하지. 왜냐하면 시인은 자기 노래가 남에게 어떻게 들리든 상관하지 않지만, 철학자는 행여 자기 말이 잘못 전달될까 봐 안절부절못하는 사람들이거든. 그게 서로 책임 있는 태도야. 뭐라고? 그렇다면 수다스러운 시인이나 말이 짧은 철학자는 뭐냐고? 음, 그거 아마도 사기꾼이겠지. 야, 그 눈빛들은 뭐냐? 게슴츠레 내리깔고 비스듬히 꼬나보는 그 눈빛들은……, 설마, 나를?

아무튼 이 시는 나의 삶을 뚜벅뚜벅 살고 있는 나의 존재에 대한 노래지. 어때, 젖은 신발을 신고 해 저무는 바닷가를 뚜벅뚜벅 걷고 있는

'내'가 보여? 그러면 잠시 감상을 해보도록 해. 이제 바야흐로 '나'에 대한 수수께끼를 시작할 테니까.

인간이 '나는 누구인가?'를, '나의 삶'과 '나의 세계'를 '생각'할 수 있게 된 건 범우주적으로 실로 엄청난 사건이지. 고요한 우주의 한구석에서 무지하게 수다스러운 집합체가 생겨나서는 존재 자체에 대해 묻고 파 들어가거든. 참 엄청난 사건 아니니? 이렇게 엄청난 사건을 벌인 우리는, 아직까지는 이 우주 속 그 어떤 존재와도 이 거대한 질문을 나눌 수 없는 외로운 존재로서, 막중한 책임감을 가져야 해. 우주를 대표해서 우주와 자신에 대해 질문을 던졌잖아!

자, 이토록 장엄한 일에 참여하는 대단한 인간이라고 생각하니까, 알 수 없는 뿌듯함이 확 올라오지? 그럼 그 기분을 이어서, 아까 하던 얘기들을 마저 하도록 하자. 곧, 나는 무엇을 가지고 나를 나라고 할 수 있을까, 나를 나로 만드는 건 뭘까, 이런 아주 사소한(!) 질문들 말이야.

나는 뭘까? 거울을 들여다보면 거기 '내'가 서 있지? 그래, 정확히 말해서 '나의 몸'이 거기 있어. 그렇다면 '나의 일'은? 그것도 '나의 몸'에 속하는 걸까, 아닐까? 내 생각, 내 의식, 내 감정, 그런 것들이 나의 몸에서 비롯된, 내 몸의 일이라면, 결국 '나=나의 몸'이라고 해도 괜찮을까?

이런 상상을 해보자. 내가 나를 복제할 수 있다면, 그건 내가 나를 완벽하게 안다는 뜻이겠지. 우리는 우리 자신을 얼마나 '복제'할 수 있을지 상상해보자는 거야. 흐음, 인성이의 저 음흉하고 예쁜 미소는 뭐지?

설마 너의 전체뿐 아니라 뭔가를 더 보탤 생각을 하고 있는 거 아니니? 아서라, 인성아. 너의 존재는 이미 완벽해. 뭘 더 보탠다는 말이니! 어라, 수없이 날아드는 이것들은 정녕 질투의 쓰레기더냐!

자, 진정하고! 우리는 여기 '나'를 만들러 왔어. 그런데 '나'라는 생물의 역사는 앞서 이미 주절주절 떠들면서 살펴봤지. 인간이라는 종족을 본 거야. 이제는 '나'라는 개체에 집중해보자고.

'나'에 대한 가장 고전적이고도 유명한 이야기는 고대 중국의 장자 아저씨가 원조야.

> "예전에 나 장주莊周가 꿈에 나비가 되었지. 펄럭펄럭 사뿐사뿐 나는 한 마리 나비 그대로가 되어서는, 내가 장주인 걸 까맣게 몰랐어. 그러다 화들짝 깨어 보니 갑자기 장주인 거야. 아, 모르겠네, 장주의 꿈에 장주가 나비가 된 것인지, 나비의 꿈에 나비가 장주가 된 것인지?"
>
> – 《장자》 중에서

'아, 맞아. 나도 이런 적 있었어!'라고 새삼스럽게 감탄하지 마. 지금 이게 연속되는 꿈속 세계가 아닐까, 라는 건 아주 오래된, 누구나 해보는 생각이니까. 이제 우리는 인간 복제를 위해서 되도록 많은 경우를 상상해봐야 해.

#1 가가 씨가 치매에 걸렸어. 지금 그의 나이는 일흔이지만, 그는 일곱 살 때의 기억에서 멈췄어. 그의 인생에서 예순세 해는 어디로 사라진 거지?

#2 나나 씨는 아기 때 숲 속에 버려져서 어미 늑대가 데려다 길렀어. 그는 늑대 가족과 함께 숲 속에서 늙어 죽을 때까지 살았어. 나나 씨는 늑대로 산 걸까, 사람으로 산 걸까?

#3 다다 씨와 라라 씨는 몸 하나에 머리가 둘인 샴쌍둥이야. 그런데 다다 씨의 좌반구 뇌와 라라 씨의 우반구 뇌에 병이 생기는 바람에 그 부분의 뇌를 제거하고 다다 씨의 우반구 뇌와 라라 씨의 좌반구 뇌를 합체했어. 그는 누굴까? 여전히 두 사람일까, 아니면 이전과 다른 한 사람일까?

#4 마마 씨는 영생을 소원했어. 그래서 뇌를 떼어서 안드로이드에 이식했어. 그는 부품만 갈아주면 영원히 살아. 그는 마마 씨일까, 아니면 마마 씨를 복사한 로봇일까?

#5 바바 씨는 어느 날 번개를 맞더니 자기가 돌아가신 자기 아버지 사사 씨라고 착각하기 시작했어. 식습관도 말투도 취향도 모두 사사 씨하고 똑같았어. 바바 씨는 끝까지 사사 씨로 살다가 죽었어. 바바 씨로 살아갈 때와 사사 씨로 살아갈 때의 사람이 같은 사람일까, 다른 사람일까?

#6 아아 씨는 잠에서 깨어났더니 그 주변의 모든 사람들이 그를 보고

자자 씨라고 하는 걸 봤어. 아무리 아니라고 해도 믿지 않았어. 그는 할 수 없이 평생을 자자 씨로 살기로 했어. 사람들은 아아 씨를 보고 원래 자자 씨인데 잠깐 아아 씨였던 꿈을 꾼 거라고 해. 아아 씨 역시 뭐가 진실인지 헷갈리기 시작했어.

#7 차차 씨는 마흔 살이 되었을 때 스무 살의 자기 몸을 복제한 안드로이드의 두뇌에 자기 머릿속의 모든 정보를 복사해 넣고 죽었어. 안드로이드 차차-1은 차차 씨의 기억을 갖고 살다가 이십 년이 지난 뒤에 머릿속 정보를 안드로이드 차차-2에다 넣어주고 죽었어. 안드로이드 차차-2는 또 이십 년이 지난 뒤에 자기 정보를 안드로이드 차차-3에다 넣어주고 죽었어. 차차 씨는 계속 살고 있는 걸까?

　내가 나를 깡그리 잊는 경우가 있어. (술 마시고 잠깐 필름 끊기는 거 말고…… 기억상실증이냐고? 드라마나 영화에서는 그렇게 자주 나오는데, 실제로 주변에서 그리 많이 보지는 못했으니, 우습지? 어쨌든……) 자, 상상해봐. 내가 나를 잊어버리는 일을. 어느 날 아침 눈을 떴는데, 내가 나를 송두리째 잊어버렸다고 생각해봐. 우선 나의 이름을 잊고 나의 가족 관계를 잊었겠지? 다른 사람들과의 관계도 잊었을 테고. 무엇보다, 내가 살아온 이야기를 잊었겠지. 거울을 봤는데 낯선 얼굴이 서 있어. 그럼 나는 도대체 무엇을 가지고 내가 나라는 걸 알 수 있을까? 그리고 앞으로 살아가는 나는 대체 누구로서 살아가는 거지?

남이 나를 누구라고 아는 것과 내가 나를 누구라고 아는 것이 다르다면, 대체 어느 쪽이 보는 '나'가 진짜일까? 그리고 '진짜'라는 것과 내가 아는 것이 일치하지 않을 때, 나는 대체 어디에 있는 걸까? 어느 날 나에 대한 모든 기억을 잊어버리고 서 있는 '나'와, 나의 생체에 대한 모든 정보(뇌의 기록까지 포함해서)를 입력해서 복제한 '나', 이렇게 둘이 서 있어. 앞의 '나'는 새로운 환경에서 새롭게 태어난 사람처럼 살아갈 거고, 뒤의 '나'는 이제까지 원래의 '나'가 살아온 것처럼 계속 그 자리에서 살아갈 거야. 자, '나'는 어느 쪽에 있는 걸까?

수현아, 왜 고개를 흔드니? 아직 공상의 세계 속에서만 있는 걸 가지고 미리부터 혼란스러워할 필요가 없다고? 글쎄, 그럴까? 1800년대 후반에 프랑스의 한 의사는 기요틴에 의해 잘린 사형수의 머리를 개의 몸통에 연결하는 수술을 시도한 적이 있대(물론 실패했어. 천만다행이지? 성공했더라면 무슨 꼴을 봤겠냐고!). 한 원숭이 머리를 다른 원숭이 몸에 이식하는 수술을 시도한 의사도 있고(수술 후 며칠은 살았대. 그 원숭이는 제 몸이 달라진 걸 알았을까?). 그러니까 이런 혼돈이 언제까지나 공상의 세계 속에만 있을 거라는 생각은 순진한 것일 수 있어. 내가 '나'의 주소지를 못 찾아 혼란스러운 경우도 있고, 남들이 아는 '나'와 내가 아는 '나'가 달라서 혼란스러울 때도 있겠지. 가장 헷갈릴 때는 역시 내가 나를 못 찾고 헤맬 때야. 지극히 사적인 고백을 하나 하자면, '나'라는 의식은 분명히 있는데 한순간에 '내가 누군지'에 대한 기억이 날아가버린 경험, 그거, 내게도 있었어.

　내가 '나'를 전혀 의식하지 못하는 상태가 아니라, 마치 짧은 터널을 휙 빠져나가 다른 세상에 놓인 듯이 순식간에 내가 알고 있던 '나'에 대한 정보가 달아나버린 거야. 의식이 한순간도 끊어지지 않았는데, 단지 '나'에 대한 정보만 사라졌어. 그런데 참 신기하지? 처음엔 나에 대한 기억을 떠올리려고 애를 썼는데, 그러다 금세 관뒀어. 어쨌든 지금, 여기에서 열렬히 '생각하고 있는 나', '살아 있는 나'가 있다는 건 알겠더란 말이지. 그리고 뭐, 그 상황도 괜찮다는 생각이 들었어. '나'를 잃어버린 상실감과 혼돈으로 슬프거나 안타까운 느낌, 그런 게 없더라고. 나의 이름, 나의 이야기를 잃었더라도, 나는 '여실(아, 요건 무척 의미 깊은 실존적 단어인데……. 알아야 하는 단어와 느껴야 하는 단어가 있다면, 요건 느껴야 하는 단어에 속해. 그러니 다들 알아서 느껴가도록~)하게 살아 있는 존재'임에는 틀림없었으니까 말이야. 그 속에서 "아, 이런 게 바로 '존재 그 자체'라는 걸까?"라고 묻기까지 했지. 특별한 경험이었어. 우와~, 미쳤었냐고?

　'외부의 자극에 적극적인 반응을 선택적으로 할 수 있는 상태'를 '의식이 있다'라고 규정한다면(실제로 그렇게 규정하는 사람이 많으니까), 그 경험은 일종의 무의식의 경험일까? 그렇다면 무의식 속에서도 '나'를 '생각'할 수 있었다는 말이 되겠네? 환각 아니면 착각이었을 거라고? 흠, 여전히 내가 미쳤었다고들 생각하는군. 뭐라고, 수진아? 아직도 그 상태인 거 아니냐고? 그거야 뭐, 보는 사람 맘이지.

뇌가 문제야?

'나'를 만들기 위해서는 우리 몸에서 '나'에 대해 가장 신경을 많이 쓰고 있는 곳부터 방문해야겠지? 바로 '뇌'야. 우리는 이 신경다발을 얼마나 완벽하게 복제할 수 있을까? 그리고 이곳에 과연 '나'가 들어 있을까? 꼼꼼히 잘 살펴봐. 그렇지만 조심해야 돼. 아주 예민하고 뜨겁거든. 뇌는 우리 몸무게의 2~3퍼센트(물론 더 되는 사람도 있어.)를 차지하지만 우리 신체 에너지의 20퍼센트 이상을 쓰는 곳이니까 말이야. 그러니 지금까지 우리는 교실에 앉아 머리만 열심히 굴리고 있었는데도 에너지를 엄청 쓴 거야. 이보다 편한 다이어트가 없을 것 같아. 자, 앞으로도 계속 열심히 머리를 굴리자고. 살 빠지는 소리가 마구 들리지?

아무래도 내가 나를 생각하는 건 나의 뇌에서 벌어지는 일 같아. 에너지를 그렇게 많이 쓰면서 그런 중요한 일을 심장이나 폐, 콩팥, 이자, 쓸개한테 맡기는 건 양심 없는 일이겠지? 뇌를 들여다보는 일은 곧 우리 마음을 들여다보는 일과 같지. 우리는 "마음이 아파"라고 말할 때 가슴에 손을 얹지만, 실은 마음은 뇌 쪽에 있다는 걸 모두 알고 있어. 달리 말하면 두루 '마음'이란 영역에 넣어서 말할 수 있는 것들, 곧 정신 작용, 의식, 의지, 생각 등이 모두 뇌에서 일어나는 작용이지. 그런데 여기서 짚고 넘어갈 문제가 있어. 사실 무엇을 정신 작용이나 의식, 마음이라고 하는지에 대해선 딱 잘라 구분하기가 좀 어렵다는 거야. 다만 우리가 지금 얘기하려는 건 '나는 누구인가?'를 생각하는 일이고, 모든 뇌의 활동 중에서 그 생각에 관련된 건 '의식'의 영역이니까 '의식'에 집중해 보자고. 아, 그럼 영혼은 어디 있느냐고? 그래, 만수야. 네가 찾고 있는 영혼은 대체 어디에 있을까? 까마득한 옛날부터 태어나고 죽고 또 태어나고 죽었던 수많은 호모사피엔스사피엔스들의 영혼은 대체 어디에 깃들어 있다가 모두 어디로 갔을까? 예전에 '응답하라, 영혼이여~!'라고 멋지게 외친 적도 있는데 아직까지 답이 없다고, 답이!

언제부터 나의 두뇌가 '나는 누구다'라는 걸 알기 시작했을까? 언제부터 내 의식 속에 '나는 누구다(또는 누굴까?)'라는 게 들어왔을까? 내가 태어난 지 다섯 달이 되어서 누군가 '땡이야!' 하고 불렀을 때 내가 돌아봤다면 그때부터 나는 '내가 누구다'라는 걸 알았다고 할 수 있을까? 아니면 이미 엄마 배 속에서 잉태된 그 순간부터 '나는 누구다'라는 생각의 씨앗이 있었고 그게 다섯 달이 되었을 때 발현된 것일까?

이제 먼 옛날로 거슬러 올라가자. 이십만 년 전 아프리카 탄자니아야. 바닷가를 거닐다가 문득 저녁놀을 봤어. 아름다웠지. 이번엔 손을 잡고 있던 친구를 봤어. 탐스러운 검은 털이 듬뿍 돋아난 구부정한 어깨, 성깔 있어 보이는 툭 튀어나온 눈썹뼈, 힘 있게 뒤집힌 두툼한 입술……. 아름다웠지. 그때 문득 이런 생각이 번개처럼 머리를 스쳤어. 나는 누굴까…….

마지막 예는 어이없다고? 그렇다면 여러분 생각은 어때? 우리 인간은 언제부터 '나'를 생각했을 것 같아? 그리고 '저 위에 가면 맛있는 열매가 있으니 따 먹어야지'라는 '생각'과, '여기 있는 이 몸은 나다'라는 '생각'은 어떤 차이가 있을까? '나'라는 생각은 생각 중에 제일 뒤에 나오는 생각일까? "개체발생은 계통발생을 반복한다"고 했으니, 한 인간 개체의 성장 과정 속에서 '나'라는 생각이 생겨나는 시기를 보면 인간이 어떤 단계에 있을 때쯤 '나'를 생각하는 마음이 시작되었는지 알 수 있을까?

말을 할 수 있게 되고, 서로에게 이름을 붙여주면서부터는 확실하게 '나'를 생각하게 되었을까? '말'이 인간의 인식 작용에 결정적 역할을 했으리라고 생각하는 사람들이 꽤 많아. 그래서 말은 철학의 아주 중요한 주제야. 세상에서 가장 '말발'이 센 집단이 철학자 집단(이키, 개그맨들은 동의하지 않을 텐데!)이니, 자신들의 도구인 '말'에 대해서 얼마나 많은 말들을 했겠어? 어쨌든 말이 자기 인식의 조건이라면, 자기네 말이 있는 고래들은(그래, 또 고래 얘기야. 가뜩이나 생각하기 복잡한데 고래까지 끼어들다니, 미치겠지? 어쨌건 고래들은) '나'를 생각할까? 저 깊은 바닷속을 천천히 헤엄치면서 대서양에서 태평양까지 나지막이 울리게 "끼익 끼익 끼이익?(나는 누구게?)" 하는 노래를 부르면서 다니는지 누가 알아? 거울을 보고서 그 속에 비친 게 자기라는 걸 아는 동물이라면, '나'라는 인식이 있다고 볼 수 있을까? 어떤 원숭이류는 알고 있대. 그럼 그들은 '나'를 인식하고 있겠구나. 그렇다고 치면 인간과 그 원숭이류의 공통 조상 단계부터 '나'에 대한 인식이 있었다고 생각할 수 있겠네? 그런데 거울을 보면서 거울에 비친 게 자기라는 걸 아는 동물이 또 있어. 고래야. 으악~! 또 고래!

여기서 뇌를 연구한 과학자들의 설명을 들어보자. 우리 뇌는 크게 대뇌와 뇌간으로 이뤄져 있어. 뇌간은 우리 몸의 생존 방식을 조절하고 통제하는 아주 중요한 곳이야. 뇌간 위에 둥글게 모여 있는 신경다발을 변연계라고 하는데, 감정과 기억을 담당한다고 알려져 있어. 그 위로 더 두툼하게 덮여 있는 신경다발이 대뇌피질인데, 그곳이 바로 계산, 판단, 추리, 언어 같은 고도의 신경 기능을 하지. 대뇌는 손상이 되어도 뇌간만 살아 있으면 사람은 생명은 유지할 수 있어. 다만 생각을 못 하는 거지. 식물인간이 바로 이런 상태야.

진화론적으로 봤을 때 대체로 파충류는 뇌간 수준까지, 포유류는 변연계까지, 영장류는 피질까지 뇌가 진화해왔다고 해. 그러니까 파충류까지는 그저 치열하게 생존하는 게 다야. 개, 돼지 등 포유류는 변연계가 있으니 당연히 감정과 기억도 있겠지? 물론 우리가 개네들이 되어보지 않았으니까 그들의 감정과 기억이 얼마나 우리와 비슷한지 알 수는 없지만 말이야. 감정과 기억이라…… 어쩐지 좀 무섭지 않아? 새끼를 잃거나 짝을 잃으면 슬퍼하는 짐승도 있어. 품에 안고 쓰다듬었던 기억이 있어서겠지. 그러니 누군가를 보고 "이런, 피도 눈물도 없는 짐승 같은 놈!"이라고 욕하면 안 돼. 짐승 가운데 포유류부터는 감정이 있단 말이야. "이런, 변연계도 없는 놈!"이라고 한다면 혹 몰라.

어쨌든 대뇌피질이 발달할수록 고도의 생각 기능이 있다는 거야. 나는 누구인가, 여기는 어디인가, 이런 철학적 사유가 가능한 것도 대뇌피질이 발달했기 때문이겠지. 그러니 아쉽지만, 나는 어디서 와서 어디로 가는가를 묻고 싶다면, 아직까지는 우리 인간들끼리 물어야 해. 보석처럼 반짝이는 고양이 눈을 아무리 들여다봐도 걔가 우리 외로움에 답을 해줄 수는 없거든.

이쯤에서 퀴즈 하나~! 생명은 진화의 과정 속에 있으니까, 진화해가다 보면 피질 위에 더 고도로 발달한 신경다발이 추가로 얹힌 생물이 나올 수도 있지 않을까? 그렇게 되면 인간은 어떤 정신 능력이 더 있게 될까? 무협지에 나오는 사람들처럼 '염력'이 생길까? 그런데 피질 위에 새로운 신경다발이 더 생길 때까지 생존하려면 우리 인간 종은 앞으로 한참을 더 지구에서 살아남아 진화를 이어가야 할 텐데, 우선은 그것부터 걱정이네, 그렇지?

쉬운 문제 하나, 어려운 문제 하나

이제 아주 본질적인 두 가지 질문을 떠올려야 해. 사람의 의식과, 사람 이외 동물의 의식은 얼마나 다를까? 그리고 물질인 뇌에서 어떻게 의식이 생겨날까?

우선 첫 번째 질문, 사람과 동물의 의식은 본질적으로 다를까? 뇌의 작용이라는 점에서는 다르지 않겠지. 뇌의 활동은 물리적인 현상이야. 뇌는 뉴런이라 불리는 신경세포의 다발이고, 의식은 이 뉴런들이 전기적·화학적 신호를 주고받으면서 생겨나는 거지. 아직 이것 말고 다른 경로가 발견되지는 않았어. 그러니 본질적으로 다르냐고 묻는다면 대답이 좀 궁할 것도 같아. 단지 성능의 차이라고 생각할 수 있겠지. 정보를 처리하는 양과 속도가 어마어마하게 다를 뿐 기본적으로는 같은 경로에서 만들어지는 현상이다, 이거야. 그런데 뭔가 석연치 않은 게 있지?

인간의 생각이란 건 좀 남다른 데가 있잖아? 무엇보다도, 자신을 인식하고 우주를 탐구하고, 가끔 엉뚱한 생각도 하고, 또⋯⋯. 아무튼 뭔가 훨씬 더 복잡하고 독특한 것 같잖아? 그 차이는 어디서 나왔을까? 그리고 대체 어느 정도의 차이일까? 뇌가 어떤 단계에서 느닷없이 어떤 경계를 '뛰어넘어' 인간의 복잡하고 독특한 의식이 가능하게 된 걸까? 그 '도약'은 무엇이었을까? 이게 바로 두 번째, 뇌에서 어떻게 의식이 생겨날까, 그래서 어떻게 인간의 마음을 구성했을까, 라는 질문의 내용이야.

'나'를 찾기 위해 철학자도 과학자(심리학자도 포함해서)도 뇌를 주목해. 뇌의 어느 부분에서(그런 부분을 찾아낼 수 있다면), 뇌 활동의 어떤 단계에서 어떻게 '의식'이라는 게 생겨날까에 대한 관심은 그들뿐 아니라 모두에게 지대한 관심사지. 다만 여기엔 '쉬운 문제'와 '어려운 문제'가 있어 (요건 의식에 관한 관심이 깊은 데이비드 차머스David Chalmers라는 철학자가 지적한 내용이야.). 쉬운 문제란, 물질의 단계에서 밝혀내는 거야. 앞에서도 뇌의 작용은 신경세포의 물리적 작용이라고 했잖아. 그러니까 의식과 관련된 모든 물리적 작용을 샅샅이 밝혀내는 거지. 어디서 어떤 신호들이 오가는지 말이야. 이건 뇌과학이 발달하면 쉽게 밝혀질 내용이지. 문제는 '어려운 문제'야. 물질인 뇌에서 물질이 아닌 듯 보이는 의식이 어떻게 생겨나느냐는 거지. 게다가 의식은 무척 주관적인 활동이거든. 그걸 '과학적'(요건 '객관적'이어야 한다는 절대 조건이 있지.)으로 밝힐 수 있을까?

그런데 예전에 이게 전혀 어려운 문제가 아니었던 때가 있었어. 물론 지금도 그렇게 생각하는 사람들이 있지. 물질과 의식을 따로 떼어버리면 되는 거야. 뇌와 의식을 따로 떼어놓는 거지. 의식은 빛이고 뇌는 의식을 비추는 프리즘 같은 거라는 얘기야. 무지갯빛의 정체는 빛이지 프리즘이 아니잖아? 이를 물질과 정신의 이원론이라고 해. 물질과 정신을 분리하는 이원론은 오랜 옛날부터 동서양을 막론하고, 많은 사람들의 생각 속에 자리 잡았어. 이들은 의식을 영혼의 문제라고 믿었는데, 철학자 데카르트도 그런 생각을 했지. 그는 뇌와 정신은 각각 실체가 있으며, 그 둘의 상호작용은 뇌 안의 '송과체'라는 곳에서 이뤄진다고 주장했어.

중국 송나라 때와 우리나라 조선시대의 중심 학문이었던 성리학에서는 '이기이원론理氣二元論'이니 '이기일원론理氣一元論'*이니 하는 논쟁이 치열했는데, 그 생각의 기본은 눈에 보이지 않는 원리〔이理〕와 눈에 보이는 현상〔기氣〕으로 세상을 나누는 거야. 데카르트의 이원론과 성리학의 이기론理氣論이 비슷한 시기에 철학의 중심 주제였던 것도 우연치고는 참 재밌는 우연이지? 지금도 본질적으로는 그런 이분법을 믿는 사람들이 있어. 우리 몸과 세계를 지배하는 것은 영혼이고, 그 영혼들은 지금 이 세상이 아닌 다른 세상에 속한다고 보는 믿음이지. 그런 믿음이 있다면 '나'의 복제 같은 일은 상상할 필요가 없겠지.

마요네즈 한 방울이 필요해

인간 두뇌의 작용이 물리적 작용이라면 그것을 본뜬 회로를 만들 수 있겠지? 양자컴퓨터가 더욱 발전하면 뇌를 본뜬 두뇌회로를 만들 수 있을 거야. 그러면 그것에서 의식이 나올까? 그리고 그 사실을 무엇으로 확인할 수 있을까? 에스에프 작품들을 보면 사람과 자유자재로 대화를 나누는 거대한 두뇌들이 자주 등장해. 대개는 지능도 아주 높아. 가장 유명한 것은, 아니 가장 유명한 분은 스탠리 큐브릭 감독의, 뭔지 잘 모르

---

* 이기이원론과 이기일원론은 모두 성리학의 '이기론'의 주제들인데, 우주의 궁극적 실재를 '이理'로 보느냐 '기氣'로 보느냐에 따라 각기 다른 주장을 펴게 되지

지만 아름다운 영화 〈2001 스페이스 오디세이〉에 나오는 '헬 9000'이지. 대개 그 두뇌들은 지구인에게 큰 위협이 되는 존재야(아마 우리는 우리보다 훨씬 뛰어난 지능을 가진 존재를 만날까 봐 몹시 겁이 나나 봐.). 이처럼 수없이 많은 에스에프물에 인조인간이나 로봇이 나오는데, 그들은 모두 인간의 두뇌를 닮은 인공지능을 갖고 있어. 그걸 보면 회로만 정교하게 만들면 거기에서 의식이 생겨난다고 생각하고 있는 것 같지? 과연 그럴까?

앨런 튜링(Alan Turing, 1912~1954)이라는 비극적 천재 과학자가 있었어. 제이차세계대전 때 암호해독기 콜로서스를 만들어 독일의 암호기 에니그마를 무력화시켜 연합군의 승리에 기여한 전설적 인물이지. 하지만 동성애자라는 이유로 유죄(세상에!) 판결을 받고는 호르몬주사를 강제로 맞게 되자 청산가리를 묻힌 사과를 먹고 자살했대. 그가 만든 연산기는 오늘날 컴퓨터의 조상이 되기 때문에 그를 컴퓨터의 아버지라고 부르지. 그는 인간 두뇌의 작용은 결국 연산 과정과 같은 거라고 생각했어. 그래서 기계가 정교하고 정확하게 프로그래밍만 된다면, 계산의 힘을 통해서 인간의 생각 과정을 똑같이 만들어낼 수도 있다고 믿었어. 생각은 곧 계산이라는 거지. 또한 튜링은 이런 생각을 바탕으로 기계도 언젠가는 마음을 가지게 될 거라고 믿었어. 계산 과정 자체가 곧 생각이고, 마음이다, 이런 거지.

그런데 튜링에게 묻고 싶은 게 있어. 사람의 생각이 일종의 연산 작용이라고 쳐. 그래서 아주 정교한 기계가 뛰어난 연산 작용을 해서 인간하고 대화까지 할 수 있다고 쳐. 그런데 사람의 뇌는 그다지 깔끔한 것 같지 않아. 뭔가를 계산할 때, 계산만 하는 게 아니라 숱한 감정, 무의식, 느낌, 그런 걸 총동원하고 있지 않아? 그것까지 다 포함하는 연산 기계를 만들 수 있다고? 흉내를 내는 것과, 그것이 되는 것과는 많이 다른 얘기 같은데, 어때?

앞에서 얘기한 대로 물질인 뇌에서 의식이 생겨나는 건 '도약'으로밖에 표현할 수 없을지도 몰라. 우리가 파악하고 있는 이 우주는 명료한 물질의 세계야. 그런데 '나'를 마주친 지금, 혼란에 빠졌어. 물질인 뇌에서 물질이 아닌 듯 보이는 의식이 생겨버렸으니 말이야. 이래서야 '나'를 어떻게 복제(또는 복사)할 수 있겠어? '나'를 완벽하게 복제하려면 나의 의식을 만들어내야 하는데, 물질로서의 뇌에서 물질이 아닌 듯 보이는 의식이 생겨나는 '도약'을 어떻게 복제하지? 마치 수십억 년 전 의미 없는 덩어리에서 갑자기 생명이라는 도약이 생겼듯이, 뇌라는 신경다발을 만들어놓으면 거기서 저절로 의식이란 게 생겨나는 도약이 생겨줄까? 그래서 '나'라는 복제품이 튀어나와서는 지금 나와 똑같이 머리를 싸매고 '나는 누구인가?'를 고통스럽게 되뇌는 꼴을 보여줄까?

그 도약을 이해할 길이 없어서 누군가는 '마요네즈 한 방울'을 떨어뜨리기도 했어. 영화 〈바이센테니얼 맨〉의 수줍은 로봇 앤드류는 엔지니어가 그의 회로에 떨어뜨린 마요네즈 한 방울 때문에 엄청난 도약을 해서 인간과 같은 의식을 갖게 되었거든. 아, 난관에 빠져버렸네. 마요네즈 한 방울! 도대체 이걸 어떻게 만들지?

그래, 또 뜨개질이야

이제 무엇으로 '나'를 구성하는지 대충은 알 것 같아. 일단 생체로서의 나, 그러니까 70억 개체 그 누구하고도 똑같지 않은(많이 닮긴 했지만) '나' 가 있어야겠지. 그리고 내가 지나온 시간의 터널, 곧 '삶'이라는 이름의 내 몫의 시간, 그것이 합쳐져야 진짜 '나'를 만들 수 있어. 둘 가운데 무엇 하나가 빠진다면 '나'를 만들 수 없지. 그 둘이 '나'라는 존재의 의미를 만들어. 나의 삶은 누군가 미리 만들어놓은 게 아니라 지금 이 순간까지 내가 살아온 삶을 바탕으로 그 위에 차곡차곡 얹어가는 것, 이렇게 생각하는 게 억지스럽지 않거든. 아, '차곡차곡'이라는 단어가 거슬리지? 뭔가 너무 단정하고 깔끔한 느낌, 범생이 느낌이 들어. 맞아, 우리한 테는 이런 고분고분한 느낌, 이거 낯설어. 비위에도 안 맞고. "철학은 파괴다!"라고 외친 니체 아저씨가 지팡이 흔들며 욕을 해댈 단어야. 그럼 삶을 어떻게 꾸려간다고 표현하면 비위에 맞겠어? 사실 우리 삶의 이미지는 차곡차곡보다는 좌충우돌이 알맞지. 모든 순간이 치열한 선택이고, 그 선택은 예측할 수 없어. 그래서 나는 늘, 이제까지 한 번도 있었던 적이 없는, 이 세상에서 유일한 존재가 돼.

매 순간, 나의 선택으로 삶을 꾸려가고, 그것으로 '나'를 구성해간다고 생각하면, 나는 나의 주인이 될 수 있어. 나의 삶이 있기 때문에 내가 나의 조건을 넘어설 수 있는 거지. 나의 생물로서의 몸이라는 나의 물리적 조건을 넘어설 수 있는 건, 내가 나의 삶을 뚜벅뚜벅 살아가기 때문이야.

매 순간 나는 나를 넘어서. 그것이 나의 이야기고 나의 역사야.

그리고 그것이 곧 '나'야.

좀 울컥했지? 잠깐 숨을 크게 내쉬며 진정하자. 음……, 아무튼 거칠기는 하다만, 그래서 매우 미안하다만, '나는 누구지?'라는 질문을 마구 던져봤어. 뭐 딱히 답이라고 할 만한 게 얻어지진 않았겠지만, '나'라는 영원한 수수께끼를 이리저리 살펴본 거지. 이제 조금 더 가서 나의 '생각' 속으로 들어가보자. 나의 생각이 나의 삶을 어떻게 만들어가는지도 살펴보고 말이야.

· 5부 ·

앎을 참으로, 삶을 옳음으로

1

공부하자,
그런데 뭐가 '참'이지?

왜 공부하는데?

지금부터 몸을 옆으로 흔들면서 다음 글을 중얼거려보자.

"대학大學의 도道는 밝은 덕德을 밝히는 데 있으며, 백성을 새롭게 하
는 데 있으며, 지극한 선善에 머무는 데 있다. 머무름을 안 뒤에 정해
지고 정해진 뒤에야 고요할 수 있으며 고요한 뒤에야 편안할 수 있
고 편안한 뒤에야 생각할 수 있으며 생각한 뒤에야 얻을 수 있다. 사
물에는 본말이 있고 끝과 시작이 있으니, 앞과 뒤를 안다면 도에 가

까울 것이다. 옛날에 밝은 덕을 세상에 밝히고자 하는 사람은 먼저 그 나라를 다스렸고, 나라를 다스리려는 사람은 먼저 그 집안을 가지런히 했고, 집안을 가지런히 하려는 사람은 먼저 자기 몸을 닦았고, 몸을 닦으려는 사람은 먼저 자기 마음을 바르게 했고, 마음을 바르게 하려는 사람은 먼저 자기 뜻을 성실하게 했고, 뜻을 성실하게 하려는 사람은 먼저 자기의 앎을 지극하게 했다. 앎을 지극하게 하는 것은 사물의 이치를 공부하는 데 있다. 사물의 이치를 공부한 뒤에야 앎이 지극해지고, 앎이 지극해진 뒤에야 뜻이 성실해지고, 뜻이 성실해진 뒤에야 마음이 바르게 되고, 마음이 바르게 된 뒤에야 몸이 닦이고, 몸이 닦인 뒤에야 집안이 가지런해지고, 집안이 가지런해진 뒤에야 나라가 다스려지고, 나라가 다스려진 뒤에야 온 세상이 화평해진다."

– 《대학大學》 중에서

뭔가 예스러운 분위기가 나지? 저런, 고리타분한 냄새가 확 난다고? 그렇다면 내가 이참에 옛날이야기 하나 해주지. 예전에도 이런 글을 읽으면서 여러분과 똑같이 갑갑해하던 학동들이 있었대. 그들은 마늘과 쑥 냄새 풍기는 굴에서 뛰쳐나가는 호랑이처럼 서당을 확 뛰쳐나갔거든? 텅 빈 서당에서는 풀만 자랐어. 그러다 삼 년이 지난 뒤에 서당에 다시 찾아가 보니, 누군가가 우렁찬 목소리로 글을 읊고 있더래. 가까이

다가가 보니까, 아, 글쎄, 꼬리가 달려 있더라는 거야. 누구였는지 짐작이 가? 호호호. 맞아, 짐작했겠지만, 그게 누구냐면, 삼 년이면 풍월을 읊어대는 능력 종결자, 서, 당, 개, 님이시지! 이제 잠이 좀 깼니? 아주 확 깼다고? 잘됐네, 뭐!

앞에 나온 글은 유학의 최고 경전인 이른바 '사서四書' 가운데 《대학》이란 책에 나오는 구절이야. 글의 맨 앞에 나오는 '대학'은, 오늘날의 대학교라는 뜻이 아니라, 제일 큰 학문, 그러니까 세상을 다스리려는 사람의 학문이란 말이지. 그렇다면 이걸 일반 백성이 읽으면 대역죄를 짓는 거 아니냐고? 쯧쯧, 이렇게 성현의 뜻을 몰라주다니 딱하기도 하지. 여기엔 세상을 다스리려는 사람은 혈통으로 정해지는 게 아니라 그 사람 됨으로 정해진다는 깊은 뜻이 있는 거야. 실제로 그렇게 생각했는지 아닌지는 알 수 없지만, 아무튼.

가뜩이나 머리 아파 죽겠는데 왜 이런 고리타분한 옛글로 이야기를 시작하느냐, 불만스러운 표정들이로군. 마치 억지로 서당 마당에 삼 년이나 붙잡힌 비글 같은 표정이야. 어쨌든 위의 글 뜻을 한 문장으로 요약하면 '열심히 공부해서 자신을 닦고, 나아가 사회를 밝힌다.' 이거지. 영 멋대가리 없지? 그렇지만 자세히 곱씹어봐. 평범하고 당연한 말이지만, 실제로는 참 무시무시한 뜻을 품고 있어. 공부하는 마음가짐, 공부하는 방법, 공부하는 목적이 한 줄로 요약되어 있잖아? 공부하는 목적은 결국은 세상을 '선善'으로 밝히고자 하는 거라는 말씀이지. 여기서

'선'이란 올바른 것, 좋은 것을 뜻해. 올바르고 좋은 것으로 세상에 보탬이 되라는 말이야. 자, 물론, 이 대목에서 질문이 있겠지? 꼭 세상에 보탬이 되어야만 공부냐, 이거지? 오로지 아는 게 좋아서 하는 공부가 진정한 공부 아니냐, 이거지? 그래, 그럴 수 있어. (여기서 잠깐, '진정한'이라는 단어를 쓸 때는 진정으로 신중해야 한다는 사실을 말하고 싶군.) 우리는 꼭 세상에 좋은 일을 해야지, 하는 굳은 결심을 이마에 새기고 공부하진 않아. 뭐, 그런 사람도 가끔 있긴 하지만, 대개는 내가 잘되어야지, 하는 생각으로 공부하지. 지금 말하는 공부란 국영수 교과목이라고 생각하는 사람은 없길 바라. 세상에 공부가 얼마나 많은데, 국영수가 제일 중요한 공부라고 생각하는지 정말 딱해. 그래, 이 얘길 시작하면 또 날밤을 새워도 부족하니까, 여기까지만 말하고.

어디까지 얘기했더라? 아, 그래. 공부의 목적. 그래, 정말 앎 그 자체가 좋아서 공부하게 되는 때도 많아. 배우는 게 재밌고 짜릿하고 좋은 거지. 몰랐던 걸 알아나가고(때론 진짜 모르는 게 뭔지 알게 되고), 못 했던 걸 할 수 있게 되는 일이 '배운다'는 거니까. 그런데 말이야, 이렇게 배우는 일이 좋은 건, 그 일이 나 자신을 기분 좋게 하고, 나를 풍요롭게 하기 때문이잖아? 하지만 나 혼자 잘 먹고 잘 살기 위해 공부할 때, 우리는 흔히 "저 인간, 참 못 배워먹었다"고 하지. 많이 알고 배워서 나를 깊이 있는 인간으로 만들고, 그것을 바탕으로 세상에 보탬이 되는 것이야말로 공부해서 얻을 수 있는 가장 큰 기쁨이다, 이 말이야, 내 말은.

자, 앞의 '대학의 도'로 돌아가볼까. 옛 성현께서는 공부하는 목적을, 세상을 '선'으로 밝히려는 데 있다고 했지. 그럼 우선 무엇이 '선'인가를 알아야 하지 않겠어? 올바르고 좋은 것이 무엇인지를 찾아내야 해. 그걸 찾아낼 수 있는 능력을 키우는 게 바로 배움, 곧 공부야. 자기 앎을 충실히 해야, 그것을 바탕으로 무엇이 좋은 것인가를 제대로 찾아낼 수 있다는 말이지. 그러니까 앞의 성현 말씀을 정리하면, 열심히 공부해서 사물의 이치를 깨닫고 그 깨달음을 가지고 자기의 뜻과 마음을 바르게 하며 그걸 바탕으로 세상에 보탬이 되라는 뜻이지. 반드시 그런 순서를 지켜야 하느냐고? 당연하지. 만고불변의 진리거든. 물론 예외도 있겠지. 굳이 세상에 보탬이 되려는 장대한 결심을 하지도 않았고, 뭐 그리 깔끔한 인간성까지 갖추지 않았는데도, 살다 보니 어찌어찌해서 결과적으로, 의도치 않게, 우연히, 운 좋게 세상에 보탬이 되는 경우도 있을 수는 있겠지?

좋아, 진지한 말씀이란 너무 길게 하면 지루해지는 법이니까 이쯤 하기로 해. 다만 이 옛글에서 꼭 짚어볼 부분은 "앎을 지극하게 하는 것은 사물의 이치를 공부하는 데 있다"라는 구절이야. 그게 바로 공부하는 방법이지. 우리말로 풀면 길지만 한문 원문으로는 '격물치지格物致知'라고 해. '격물'이란 일과 사물을 직접 맞닥뜨려서 그 이치를 공부하는 것이고, '치지'는 그렇게 해서 완전한 앎에 이르는 것을 뜻하지. 곧 격물치지란 눈에 보이는 현상, 이미 벌어졌거나 지금 벌어지고 있는 현상을 파고들어 그 속의 진리를 찾아내는 공부라는 뜻이야.

'치열하게 공부해서 나를 알고, 세상을 안다. 그리고 그 힘으로 세상에 보탬이 된다.' 예나 지금이나 사람이 공부하는 목적은 다 똑같아……야 한다고! 남을 밟고 올라서서 저 혼자 많이 차지하고 저 혼자만 잘 살려고 하는 공부는 타짜의 기술이나 땅따먹기 기술 같은 거야. 저열하다는 거지. 흥! 흥! 흥!

흠, 진정하고. 갑자기 왜 공부 얘기를 꺼내느냐 하면, 이제부터는 삶에 대해 말해보자는 거야. 결국 우리가 공부하는 이유는 나와 세상을 알기 위함이고, 동시에 나의 앎을 가지고 세상을 어떻게 살아나갈 것인가 하는 '삶'의 문제로 달려가는 것이거든. 여기서부터 '앎'에서 '삶'으로 넘어가는 곳이야. 머릿속의 일에서 몸의 일로 넘어간다고 생각하면 쉽겠지. (또, 또, 수현이가 날카롭게 따지네, 머리의 일은 몸의 일과 별개냐, 이거지? 어떻게 생각해? 그럴 리가 있어? 물론 별개가 아니야. 앎과 삶을 머리와 몸에 비유한 거라고. 알면서 그래~.)

쉽게 말하면, "맞아, 맞아" 하는 문제에서, "옳아, 좋아" 하는 문제로 넘어가는 거야. "맞아"는 앎의 문제, "옳아, 좋아"는 삶의 문제라고 할수 있지. 뭐, 이것도 이야기를 편하게 풀어나가기 위해서 만든 규정이야. 사실 '옳음, 좋음'을 찾아내는 건 '앎'의 일이 아니냐, 이럴 수도 있잖아? 그렇겠지. 다만 지금은 여러분이 이해하기 쉽게 구분한 거야. 그럼 그 둘은 어떤 사이냐고? 흐음~, 그 둘은, 사귀는 사이야. 좋아하는 사이라고. 그래그래. 이런 반응, 사막인 줄 알고 낙타 몰고 갔는데 질퍽한 습지를 만난 것 같은 당황스러운 반응, 예상했어. 드라마 〈별에서 온 그대〉의 천송이식으로 말할게, 쫘아리~. 하지만 그게 사실이야. 맞는 걸 찾아가는 앎의 문제는, 결국 그걸 바탕으로 옳고 좋은 걸 찾아가는 삶의 문제와 맞닿아 있어. 그걸 하나로 연결해주는 단어는 '참'이야. 앎에서 '참'을 얻고, 그걸 바탕으로 삶에서 '옳음'을 찾아내는 거야. 말하자면 '참'에서 '옳음'으로 변신하는 순간인데, 그 관계는 이래. 우리는 무슨 말을 하든지 간에 결국은 어떻게 살 것인가를 얘기하게 되고, 그것은 무엇이 옳은가 무엇이 좋은가를 찾아내는 거야. 그런데 대체 옳은 것, 좋은 것은 어디에 숨어 숨바꼭질하고 있을까? 우리는 옳은 것, 좋은 것을 어떻게 알아낼 수 있을까? 물론 그건 너와 나, 나와 전체의 끝없는 합의에 따라 찾아낼 수 있는 것이고, 더불어 그 옳음과 좋음의 바탕은 '참'이어야 해. '거짓'인 것에서 옳고 좋은 걸 찾을 순 없잖아? 자, 여기서 '참'을 찾아가는 '앎의 세계'가 '옳음, 좋음'을 찾는 '삶의 세계'와 연결된다는 걸 알 수 있겠지? "맞아, 맞아(앎의 세계)"에서 "옳아, 좋아(삶의 세계)"로 연결되는 거야. 이제부터는 앎과 삶이 일치하는 곳으로 달려가볼까? 현수야, 잠깐. 거기 매점 쪽, 삶은 달걀 쪽이 아니야, 앎과 삶이 일치하는 곳이라고~.

진리를 안다고? 진짜?

나의 삶 가운데 가장 중요한 의미를 갖는 일은 무엇일까? 홀쭉한 준현이가 가녀린 손을 들더니 수줍은 목소리로 '먹고사는 일'이라고 대답하네? 그래, 한 끼를 먹든 다섯 끼를 먹든 먹지 않으면 죽으니까 먹는 일이 중요하지. 하지만 그건 살기 위한 조건이고, 삶의 의미라고 하기에는 좀 거시기하지? 유정이는 그윽한 눈빛으로 '사랑'이라고 말하는군. 아, 그래. 때론 사랑이 내 삶의 무게 전체와 같다고 느껴질 때가 있긴 하지만, 그건 살아가면서 순간순간 각자 뼈저리게 느끼도록 해. 앞서 인용했던 글과 연관 지어 생각해보면, 나의 삶에서 중요한 의미를 갖는 일은, 내가 나와 세상에 대해 알아나가고 세상에서 나를 실현해나가는 일이다, 이렇게 말할 수도 있지 않을까 싶어. 나는, 살아가는 법을 배워나가고, 세상에 대한 궁금증을 풀어나가고, 그걸 바탕으로 내 이름을 걸고살아나가지. 근사하지? 전혀 아니라고? 아니면 말고!

아무튼 그러니까 이제부턴 내가 무엇을 얼마나 제대로 알 수 있을까하는 문제와, 그 앎을 바탕으로 내가 속한 이 세상에서 나는 어떤 인간으로, 어떤 이름을 걸고 어떻게 살아갈 것이냐 하는 문제를 말해보기로해. 광수야, 삶의 정답을 찾는 거냐고? 큰 눈을 끔벅이는 네 얼굴을 보니 나도 정답을 알려주고 싶은 생각이 문득 든다만, 그건 아니지 싶다. 삶에 정답이 어디 있겠냐?

나는 누구고, 세상은 무엇이고, 어떤 삶을 살 것인가, 라는 고민을 가지고 철학을 시작하지. 그런데 이런 의문이 생겨. 이런 거대한 질문들을 던지고 파고들어서 우리가 얻을 수 있는 건 정말 무엇일까? 나는 누구고, 세상은 무엇이고, 어떻게 살 것인가에 대한 명확한 설명, 일관된 해답을 얻을 수 있을까?

　잠깐! 뭔가 이 질문은 전에 했던 거 같지 않아? 그래, 맞아! 우리가 앞서 우주에 관해서 신나게 떠들 때, '진리'라는 것에 대해 이미 말했어. 그때 우리는 인간의 이성으로 세계를 완전히 이해할 수 있을 때, 그 원리를 진리라고 하자고 했지. 이 원리를 찾아낸다면 인간에 대해서도 납득할 만한 설명을 많이 얻을 수 있을 거야. 사람도 거칠게 보면 하나의 '물리적인 현상'임에 틀림없으니까 우주의 원리를 찾으면 물질의 논리로서 인간을 설명할 수 있을 거란 말이지. 그런데, 그런데 말이야, 그런 궁극의 진리가 있을까 없을까를 걱정하다 보면, 우리는 또 다른 거대한 질문에 부딪치게 돼. 바로 우리 자신이야. 우주와 세상의 대왕 진리가 있건 없건 간에, 중요한 건 다름 아닌 '내'가 그것을 '알고' 싶어 한다는 사실이고, 그러려면 무엇보다 먼저 '나의 앎', 그 자체에 대해 미리 짚어 봐야 한다는 거야.

　내가 '안다'고 할 때, 나는 정말로 제대로 아는 걸까? 모르는 걸 안다고 착각하는 건 아닐까, 엉터리를 진짜로 알고 있는 건 아닐까, 남이 말해준 걸 듣고서 나도 안다고 그냥 믿고 있는 건 아닐까……? 이런 의문이 들기 시작한다면, 이세 우리는 '나' 자신을 들여다봐야 할 때가 된 거야. 지금껏은, 송로버섯을 찾아 땅바닥을 파헤치는 집념 어린 돼지처럼, 어디에 진리란 놈이 숨었을까, 하고 열심히 헤집고 다녔잖아? 이젠 발걸음을 잠시 멈추고, 나는 얼마나 제대로 '생각'이란 걸 할 수 있을까, 내 생각이란 놈이 진짜인지 가짜인지를 어떻게 알아낼 수 있을까, 이런 것들을 따져봐야 해. (그런데 늘 궁금했는데 말이야, 땅바닥을 파헤치기에 돼지 코는 적당하지 않은 게 아닐까? 너무 무방비로 흙가루가 들어갈 거 같단 말이지. 돼지들이 몸뚱이의 한계를 극복하고 언제나 목표를 이루기를~!)

뭘 자꾸만 따지자고 하냐고? 그래, 나도 이해해. 누군가 옆에서 자꾸 따지자고 들면 얼마나 짜증 나겠어? 이래서 철학자들이 대체로 친구가 없나 봐. 무슨 근거로 그렇게 말하느냐고? 아, 같이 놀아줄 친구가 없으니까 혼자서 그렇게 생각들을 많이 하다가 철학자가 되었겠지. 자꾸만 따지고 드니 얼마나 재수 없었겠어? 그렇다면 나는 여러분을 따돌림의 세계로 이끄는 대마왕이라고? 남의 말을 좀 디테일하게 들어봐. 내가 '대체로' 친구가 없다고 했잖아. 그렇지 않은 훈훈한 성품을 가진 철학자가 아예 없는 건 아니란 말씀이지.

아무튼, 그래서 우리는 앎이라는 작업을 수행해나갈 '나' 자신에 대해 앞에서 이렇게 저렇게 좀 탐구해봤어. 알아보고 나니까 어때? '나'에 대해서 꽤 알게 된 거 같아? 내가 생명으로서의 나를 탐구해본 건 나에 대한 예의를 지키는 일이야. 기막힌 우연으로 나라는 생명을 갖고 살아가면서 그 의미를 탐구하지 않는다는 건 예의상 있을 수 없는 일이니까.

'나'를 훑어보니까, 그래 '내'가 믿을 만한 것 같아? '나'는 착각하거나 속거나 빼먹거나 하지 않고 제대로, 진리든 사실이든 뭔가 '앎'이라는 걸 척척 쌓아나갈 수 있을 거 같아? 의심스럽지? 저만치에 빛나는 보석이 있는지 없는지도 잘 모르겠지만, 그보다 앞서 내 눈을 믿을 수 있는지부터 따져봐야겠다는 생각이 야무지게 들지? 바로 그거야. 내가 굉장히 이상한 눈을 갖고 있어서 도대체 뭘 봐도 회색빛 돌덩어리로 보인다면, 세상에 보석이 있네 없네 하는 논쟁은 쓸데없는 일이 되어버릴 테니까 말이야. 그래서 이제부턴 내가 얼마나 잘 볼 수 있을까, 제대로 생각할 수 있을까, 진짜를 알아나갈 수 있을까, 그걸 생각해보기로 해. 그래, 곰 두 마리를 불러보는 거야. 뭔 소리냐고? 곰곰 생각해보자고. 흐흐, 용서해!

앞서 "학문을 하는 건 나날이 보태가는 것이고, 도를 하는 건 나날이 덜어내는 것이다"고 한 《도덕경》 구절을 들려줬잖아? 응? 금시초문이라고? 쯧, 애초에 입력이 되지 않았으니 기억이 날 리가 없지~!

철학을 하자고 해놓고 왜 자꾸 도사님 말씀을 들먹이냐, 불만스럽지? 어찌 보면 도사와 철학자는 동종 업계 종사자처럼 보여. 그렇지만 여러분과 마찬가지로 나 역시 도사님 되기는 글렀다는 걸 알아. 왜냐고? 도사들은 어느 날 자신이 모든 걸 단숨에 깨쳤다는 깨달음을 얻어버려. 그래서 그 후로는 더 이상 궁금한 게 없지. 그저 미소만 짓고 살면 되는 거야. 그런데 나는 공부를 하면 할수록 모르는 것투성이거든. 모르는 게 줄어들기는커녕 모르는 게 점점 분명해지고 커지는 것 같아. 그러니 도사가 되기는 글렀지 뭐야. 오히려 세상에서 내가 찾아낼 수 있는 '진짜', 그런 게 과연 있다는 거냐, 하면서 괴로워하는 순수한 영혼, 이게 나야. 죽는 순간까지 앎과 무지의 경계를 찾아내려고 애태우는 순수 영혼이 바로 나란 말이야. 워우우~! (뭐냐고? 진리를 찾아 달빛 아래 늑대처럼 울부짖는 나의 영혼을 상징하는 외마디 비명이다. 왜?!)

그나저나 앞의 《도덕경》 구절을 잘 곱씹어보면 학문하는 일과 도사가 되는 일이 얼마나 다른지 알 수 있어. 공부하는 건 나날이 보태가는 일이지. 나 스스로의 학문도 날로 쌓여가고, 그것이 모여서 인류 전체의 지식도 날로 쌓여갈 테지. 도를 닦는 건, 글쎄, 그 '도'란 게 뭔지는 잘 모르겠지만, 아마도 나와 세상을 알고 세상을 제대로 살아가는 길을 깨닫는 것이겠지만, 아무튼 '닦는다'고 하는 걸 보니 뭔지 보태는 건 분명 아닌 것 같아. 흠, 담이가 고개를 세차게 끄덕이는구나. 그래, 담이 네 생각도 그렇지? 음, 담이가 또 끄덕이네? 저런, 담이가 잠이 들어버렸네. 담아~!

뭘 덜어내야 할까? 지금부터는 우리가 뭘 덜어내고 뭘 보탤지 생각해보자고.

보태기와 빼기

사람은 워낙 독특한 동물이라서 다른 동물들과 구별되는 특징들이 많아. 물론 우리는 다른 동물들에 관해서 몰라도 너~무 모르니까 인간을 독특하다고 말할 수 있는 건지도 몰라. 기린이나 하마는 얼마나 독특하니? 홍학이나 목도리도마뱀은 또 얼마나 독특해? 지렁이나 땅강아지라고 독특함에 있어 뒤지지는 않지. 모든 존재는 독특해. 아무렴, 당연히 그렇지. 그걸 우리는 다양성이라고 말해. 그럼 다시 생각해볼까? 인간은 뭐가 독특하지? 놀이하는 인간, 생각하는 인간, 사회를 구성하는 인간, 문화를 만드는 인간, 남을 동정하는 인간 등등, 인간의 개성을 지적하는 숱한 말들이 있어. 아, 중요한 견해를 빠뜨릴 뻔했네. 멋진 늑대하고 살았던 어느 철학자는 인간만이 거짓말을 할 수 있는 사악한 동물이라고 했어. 또 한 번 워우우~, 참신한 통찰이지?

그렇다면 '공부하는 인간'은 어때? 와우~, 지우개 폭탄이 눈처럼 내리고, 휴지가 오로라처럼 너풀거리네? 공부라는 말만 나오면 두드러기 돋는 여러분을 보면, 지금 어른들이 참 못 할 짓을 많이 했구나 싶어. 공부가 얼마나 재미있는 건데……. 민찬아, 지우개 폭탄, 휴지 오로라 내려놔, 착하지?

《논어》맨 첫머리를 장식하는 공자님 말씀은 바로 이거야.

"배우고 그때그때 익히면 즐겁지 아니한가."

알고 싶고 배우고 싶은 게 있는 사람은 얼굴이 달라. 생기가 넘치지. 호기심을 풀고, 푼 것을 바탕으로 또 새로운 호기심이 생기고, 그걸 또 풀고, 호기심을 또 쌓고 하면서 인류의 지적 재산은 계속 늘어났을 거야. 그 능력은 물론 우리 인간 두뇌의 신경다발이 유난스러운 용량과 효율을 갖고 있어서야. 앞서도 말했지만, 변연계 위에 순두부처럼 몽실몽실 얹힌 대뇌피질 다발, 그것 때문이지. 그러니까 공부라는 건, 내 두개골 속 신경다발이 원하는 일이고, 그래서 우리 적성에 딱 맞는 일이라는 말이야. 내가 누구지? 세상은 어떻게 만들어졌지? 삶이란 무엇이지? 이런 강렬한 호기심을 풀어나가는 일은 아주 자연스러운 본능인 거야. 자, 그러니 쑥스러워하지 말고 용기를 내. 우리 머리 속에 들어 있는 대뇌피질 다발은 질문을 던지고 그걸 풀어가라고 있는 거니까. 육식동물을 유혹하는 먹음직스러운 단백질 덩어리가 아니란 말이지. 도균이가 손을 번쩍 드는구나. 아, 그래, 방금 생각난 질문이 있다고? 뭔데? 흐음, 공부가 그렇게 재미있는 거라면 세상의 모든 재미는 슈퍼컴퓨터가 누리는 것 아니냐……고? 그렇구나, 네 말대로라면 슈퍼컴퓨터는 아주 재밌어 죽겠구나!

그런데 우리는 왜 자꾸 배우려고 하지? 알려고 공부한다고? 그래, 우리는 자꾸만 알고 싶어서 공부하는 거야. 알아나가는 게 좋아서, 그게 재밌어서. 어제 몰랐던 걸 오늘 알게 된 게 좋아서, 지금 모르는 걸 내일은 알게 될 테니까 공부하는 거지. 그래서 공부란 자꾸만 보태가는 거야. 그럼 대체 아까 《도덕경》에서 말한, '빼는 거'는 뭐냐고? 그건 간단해. 공부가 자꾸만 '앎'을 쌓는 거라면, 거기서 거짓인 것, 가짜인 것을 빼는 일이 바로 '도'라는 말씀이지. 거짓과 가짜를 어떻게 아느냐고? 음……, 그건 나같이 영혼이 맑은 사람한테만 보인대! 자, 자, 난 맑은 물 한잔 먹고 올게. 결코 여러분의 비명과 야유 소리를 피해 도망가는 거, 아냐~. 힌트를 하나 주자면, 도사들은 '빼'야 할 것은 바로 '나' 자신이라고 한다나 뭐라나~.

앎에서 참으로

아무튼 우리는 뭔가를 배우고 싶어 해. 자꾸만 알고 싶어 한다는 거야. 달리 말하면 모르는 것을 자꾸만 줄여나가고 싶은 거고, 그걸 뒤집어 말하면 모르는 것을 자꾸만 늘려나가고 싶은 거기도 해. 뭔가를 안다는 건 아는 것과 모르는 것의 경계를 분명하게 하는 일이니까 말이야. 내가 뭘 아는지, 뭘 모르는지, 내가 아는 게 진짜인지 아니면 가짜인지 아는 건 굉장한 일이지.

　재치 있는 물리학자 리처드 파인먼(Richard Feynman, 1918~1988)도 그

런 고민을 삼깐 했었대. 진짜 안다는 건 무엇일까, 대체 얼마나 알아야 진짜로 안다고 할 수 있을까. 남에게서 들은 것, 책에서 그렇다고 배운 것, 그래서 참이라고 그냥 알고만 있는 것, 그런 것을 내 앎의 목록에 넣을 수 있을까? 어때? 자신 없지? 파인먼은 앎에 대해 나름대로 물리학자다운 정의를 내렸어.

"만들어낼 수 없는 것은 이해했다고 말할 수 없다."

라고 말이야. 그것을 속속들이 분해하고 그 다음 그것을 다시 반복해서 만들어낼 수 있을 때, 비로소 그것에 대해 완벽하게 안다고 할 수 있다, 엄청난 얘기지? 그러니 우리는 '나는 안다'는 말을 허투루 뱉으면 안 돼. 파인먼과 같은 견해를 가진 사람을 만나면 단박에 "안다고? 그럼 어서 만들어봐"라면서 우리를 난처하게 만들지도 몰라.

그런데, 혜교야, 아까부터 궁금해 죽겠다는 표정을 짓고 있었지? 언제 봐도 감동적인 표정이야! 그렇지, 애들아? 음……, 응답이 없군. 아무튼 혜교야, 뭐가 궁금해? 그러니까 우리는, 네가 무엇이 궁금한지가 궁금하거든? 아, 그래, 네 궁금증은, 만약 진짜로 안다는 걸 확신할 수 없다면 공부는 해서 무엇하느냐, 어차피 공부를 해도 진리를 확신할 수 없을 텐데, 이 말이니? 그리고 인류 역사에 등장하는 숱한 선각자, 현자, 성인군자, 도사가 깨쳤다는 진리의 세계는 그럼 순 사기라는 말~?

쉬잇~! 그건 잘 모르겠지만, 혜교야, 설마 그렇다고 해서 공부를 다 때려치우자는 건 아니지?

진리가 파묻혀 있든 반짝이고 있든 만들어나가고 있든, 어쨌든 우리는 그걸 알아나가고 찾아나가고 배워나가야 한다는 사실이 중요해. 우리의 '삶'은 결국 우리의 '앎'과 연관되니까 말이야. 여태껏 우리는 진리란 게 과연 있을까 없을까를 따져봤지만, 사실 뭔가를 찾아내야 하는 것도, 찾아서 그게 참인지 거짓인지를 가려내야 하는 것도 바로 우리의 일이야. 그렇다면 이제는 무엇보다 우리 자신의 '앎'의 문제를 따져봐야 할 때가 되었다는 뜻이겠지? 나는 참을 찾을 수 있을까 하는 '나의 앎'의 문제로 들어오는 이 중요한 단계의 중심은 바로 '나'야.

우주의 진리, 자연의 진리, 눈에 보이지 않는 곳의 진리, 그것을 열심히 파헤치다가, 이제는 그것을 파헤치는 나 자신을 파헤치기 시작하네? 내가 진리를 제대로 파헤칠 수 있을까, 내가 파헤쳐 나온 이것이 진짜일까, 하는 이 집요한 질문은 결국 '나'를 문제 삼고 있는 셈이지. 거짓인 걸 갖고서, 거짓일지도 모르는 걸 갖고서 잘난 체할 수는 없잖아? 뭔가 확실한 걸 갖고 으스대야 폼이 나지. 그렇지 않으면 자신감이 확 떨어져 영 모양이 빠지거든.

우리는 대체 어떻게 내가 안 것이 제대로 된 것, 진짜인 것, 참인 것이라는 걸 알 수 있을까? 그런데 방금 한 이 질문을 곰곰 생각해봐. 뭘 의심하고 있는 거지? 그래그래, '나'잖아. 우리는 '내 앎'에 대해 고민할

수록 결국은 그것이 바로 '나 자신'에 대한 고민인 걸 알게 돼. 그 말은, '나'를 내가 믿을 수 있게 된다면, 내가 알아낸 '참'도 믿을 수 있게 된다는 뜻이지.

그런데 내가 나를 어떻게 믿을 수 있을까? 아까 도사님들이 준 힌트를 기억해봐. 그래, 맞아, 내가 나를 넘어설 수 있을 때 나는 나를 믿을 수 있을 거야. 아니, '넘어서다'만으론 정확한 표현이 아닌 것 같아. 약간 감격스러운 어조로 말할게. 내가 나를 포함한 전체가 되었을 때 나의 앎은 모두의 앎이 될 것이다, 라고. 그때 우리의 앎은 비로소 '진짜', '참', 이런 말로 표현될 거야.

내가 나를 포함한 전체가 되었다는 말은 무슨 뜻이지? 또 도사님 말씀 같지? 글쎄, 내가 도사가 아니라서 도사님들 말씀하고 내 말이 같은지 아닌지 도무지 알 수가 없네. 도사님들에게 물어보라고? 뭐든 묻는 걸 그대로 대답해주는 도사는 없어. 도사들의 규칙 1조, 뭐든 대답해주지 마라~!

내가 나를 포함한 전체가 되었다는 말은, 내 앎과 전체의 앎이 서로 꼭 맞아떨어지는 거지. 그건 내가 나의 한계를 벗어날 수 있을 때 가능해. 내가 나의 틀, 나의 경계 속에서만 맴돌고 있다면 나는 전체를 그려 낼 수 없을 테니까.

참들이 모여 사는 나라

우리가 알 수 있는 것 중에서 '참'인 건 무엇일까? '참'이라고 확실하게 '규정'한 건, 참이겠지? 이미 그런 전제가 있으니까 말이야. 이를테면 1미터, 1초, 이런 건 나에게도, 너에게도, 우리 모두에게도 똑같은 규정이야. 그러니까 '참'이겠지? 글쎄, 그럴까? '참'이라고 약속만 한다고 해서 '참'이 되는 걸까? 1초란, 마이크로파를 흡수한 세슘-133 원자에서 발생하는 진동 횟수를 가지고 정했는데, 그 진동수가 91억 9263만 1770번이면 1초라고 규정했어. 1미터에 대한 규정은, 빛이 진공 속에서 299,792,458분의 1초 동안 나아간 거리야(광속을 초속 299,792,458미터로 정했기 때문이야.). 그러니까 세슘-133 원자가 91억 9263만 번 정도 진동하면 1초이고, 빛이 299,792,458분의 1초 동안 나아갔으면 1미터야. 그런데 현대 물리학은 시간과 거리는 절대 변하지 않는 게 아니라는 사실을 알아냈어. 실제로 늘기도 하고 줄기도 한다는 말이지. 빠른 속도로 움직이는 물체의 시간은 느리게 가고, 중력이 센 곳의 시간도 느리게 간다니 이를 어쩔 거야. 빠르게 움직이는 물체는 길이가 줄어버린다는데 이를 또 어쩔 거야. '규정'은 그대로인데, 현상이 달라지거든.

　이래서 우리는 '고정된 절대적인 어떤 것'을 의미하는 '참'이란 실제로는 있기 어렵다는 결론을 얻게 되고 말아. 그런데 이게 못 견디게 싫은 사람들이 물론 있겠지? 뉴턴도 그랬어. 그는 "사람들이 일상적으로 쓰고 있는 시간과는 관계없이 균일하게 흐르는 진짜 시간이 존재한다"고 했대. '외계의 어느 것과도 무관하게 흐르는, 절대적이고도 참된 수학적인 시간'이 있다는 거지. 뉴턴에게는 고정된, 절대적인 '참'이 존재하는 거야. 이와 반대로 당시 수학자이자 철학자인 라이프니츠(Gottfried Leibniz, 1646~1716)는 시간이란 사물의 순서 관계에 지나지 않는다면서, "사물과 무관하게 흐르는 절대시간 따위는 존재하지 않는다"고 했대. 참 어려운 문제야. '시간은 어떤 종류의 환상'이라고 한 물리학자도 있다니 더 알쏭달쏭하지? 진짜로 따로 뭔가 있는 걸까, 아니면 그냥 '있다고 치고' 이름을 붙인 걸까? 진짜로 '참'의 나라, '참'의 궁전엔 뭐가 있는 걸까, 아니면 거긴 혹시 '빈집'일까? 우주 어딘가에 '참'들이 모여 사는 나라가 있다면 참 좋을 텐데. 그렇다면 우리는 이것이 참일까, 거짓일까를 두고 이렇게 고민하지 않아도 되잖아.

지금 우리처럼, 원조 철학자들도 '참'의 세계를 찾기 시작했어. 참의 세계란 진리의 세계, 진실의 세계를 뜻했지. 거칠게 나눠보자면, 서양에서는 '참'의 세계를 찾다가 어떻게 하면 사람의 생각이 '참'을 제대로 찾아낼 것이냐 하는 문제로 파고들게 되었고, 동양에서는 사람 속에서 '참'이 어떤 모습으로 갖춰져 있는지를 찾아보자 하는 문제로 들어갔다고 할 수 있지.

알다시피 고대 그리스 철학자 중에는 '참'들이 모여 있는 나라가 따로 있다고 생각한 사람이 있었어. 플라톤이 그랬지. 플라톤은 이 세상 말고, 불변하는 진리의 세계, 아주 완전한 진리의 세계가 있다고 했어. 그리고 이 세상은 완전한 세상의 그림자 세계라고 했지. 철학자는 이 세상이 다인 것처럼 착각하는 어리석은 사람들을 깨우쳐서 완전한 진리의 세계를 보여주는 사람이라고 주장한 거야. 그렇다면 플라톤은 그런 세계를 봤을까?

반면 아리스토텔레스는 완전한 세계는 플라톤이 말하듯이 따로 있는 게 아니라 지상 세계에, 모든 생명의 일부로 있다고 했어. 여기에 진리라는 것 자체가 환상이라고 하는 분의 말씀까지 들어볼까? 프로타고라스는 철학자이면서 방랑자였지. 워낙에 떠돌다 보니 그런 결론에 다다랐는지는 모르겠지만, 어쨌든 그는 보편타당한 진리는 없다고 생각했어. 왜냐하면 옳다 그르다는 판단을 내리는 건 다름 아닌 인간인데, 인간은 저마다 자기 기준에서 옳거나 그르다고 판단하기 때문이지. 그런 의미에서 "인간은 만물의 척도다"라는 유명한 말을 한 거야. 누가 무슨 말을 하든지 그는 끊임없이 의심했대. 그래서 너무 미움을 사서 이리저리 도망 다니는 신세가 되고 말았다는군. 젊은이들을 타락시킨다는 죄목도 받고. 맞아! 소크라테스도 똑같은 죄목을 받았지? 그러고 보니 철학자들은 젊은이들을 타락시킨다는 혐의를 종종 받는군. 그런데 정말로 그게 타락일까? 대체 생각을 뒤집고, 파헤치고, 깨부수지 않고서 어떻게 청년이 될 수 있다는 말이지?

"우리는 진리에 의해 파괴할 수 있는 모든 것을 파괴하자! 지어야 할
   집은 수없이 많다."

  아마 올림픽에 '젊은이의 사상을 타락시킨 죄'라는 종목이 있다면 상
위 입상이 틀림없을 철학자 니체의 말이야. 니체가 그의 책《자라투스트
라는 이렇게 말했다》에서 자라투스트라의 입을 빌려서 한 말이지.

  이제 동양으로 와볼까. 먼 옛날 장자는 이 세상 온갖 것에 모두 '참'
이 깃들어 있다고 했어. 자연 그대로, 그것이 참이라는 거지. 그에 따르
면 거짓은 오직 인간이 만드는 거야. 인간이 거짓을 만드는 일을 그만두
면 세상은 그대로 그냥 '참'들이 모여 사는 나라가 된다는 말이지. 그에
게는 자연이 곧 '참'이었거든. 그러니 실은 '참'이라는 말조차도 필요 없
어. 장자 얘긴 조금 뒤에 더 하자고.

  동양 사상의 전통에서는, '참'은 자연 속에 내재된 우주의 섭리라는
생각에서 크게 벗어나지 않아. 자연을 보면 그 속에서 '참'이 보이는 거
지. 《주역》에서 말하는 '만물을 살게 하는 도(요걸 생생지도生生之道라고
해.)', 이게 바로 우주의 섭리이자 제일 큰 하나의 '참'이야. (잠깐~! 왜 하
필 '하나'냐고? 큰 것 중에 제일 큰 거, 비교급 없이 제일 큰 게 뭐겠어? 그건 '전체'겠
지? 제일 큰 것은 '전체'여야 하고, 전체는 둘이 아닌 하나야. 그래서 동양철학에서 '일
一'은 제일 큰 것, 전체를 뜻해.) 그리고 사람도 만물 가운데 하나니까 당연히
사람 안에도 우주의 섭리가 들어 있다고 봐. 유학의 사서 가운데 하나인

《중용中庸》의 첫 대목은 이래.

"천명天命을 성性이라 이르고, 성을 따르는 것을 도道라 이르고, 도를
닦는 것을 가르침[교敎]이라 한다."

여기서 천명은 '부여한 것'이란 뜻이야. 곧 우주 만물이 생기고 움직
이는 원리인 '참'이지. 사람 안에 들어와 있는 천명을 '사람의 성품'이란
뜻으로 인성人性이라고 해. 그러니까 인성과 '참'은 같은 거야. '참'인 인
성을 따르는 일이 도를 따르는 일이고, 그걸 잘 찾아낼 수 있게 돕는 일
이 바로 가르침이라는 거지. 그런데 이상하지? '참'인 천명이 곧 인성
이 되었는데, 왜 사람의 성품에 착하기도 하고 나쁘기도 한 차이가 생
길까? 이것이 바로 조선시대 성리학자들 간의 격렬한 논쟁의 주제였지.
밥 먹고 할 일 없는 학자들이 괜히 뜬구름 잡는 논의로 잘난 체한 게 아
니야. 사람의 성품이 근본적으로 어떤지 알아야 교육의 방향이 정해지
거든. 아주 절실하고도 중대한 문제였던 거지. 아, 잠깐 쉬고 싶은 절실
하고도 중대한 소망의 빛이 여러분 얼굴에 떠오르는군. 그렇다면 재미
있는 장자의 한 말씀 소개할게. 워, 워. 그렇다고 뭐 그렇게까지 실망한
표정을 짓냐, 민망하게.

2

앎과 참과 옳음 사이

도는 똥이나 오줌 속에도 있다

《장자》에 이런 문답이 있어.

어느 날 동곽자가 장자에게 물었다. "이른바 '도'는 어디에 있습니까?"

장자가 대답했다. "있지 않은 곳이 없지."

동곽자가 다시 말했다. "어디라고 짚어서 말해주셔야 알겠습니다."

장자가 말했다. "땅강아지나 개미에 있다네."

동곽자가 말했다. "어떻게 그리 낮은 곳에 있다고 하십니까?"

장자가 말했다. "피 같은 잡풀에 있다네."

동곽자가 말했다. "어찌 더 아래로 내려가십니까?"

장자가 말했다. "기왓장이나 벽돌 조각에 있다네."

동곽자가 말했다. "어찌 점점 더 심해집니까?"

장자가 말했다. "똥이나 오줌 속에 있다네."

동곽자는 더 이상 묻지 않았다.

　동양철학에서 '도'란 진리, 진실, 참, 진짜를 뜻해. 장자가 모든 곳에다 '도'가 있다고 말한 건 재고 다니는 사람들에 대한 조롱의 뜻도 담겨있지. 저 높은 궁전에 있는 신비롭고 고상한 것이라서 특별한 사람들만알 수 있다는 식으로 도를 말하는 사기꾼들이 많거든. '참'에 대해서 장자만큼 많은 말을 한 철학자도 없을 거야. '참' 전문가라고나 할까. 뭐가참이냐, 정말 그게 진짜냐, 가짜가 아니라고 할 수 있느냐. 이쪽에선 이렇게 보이고, 저쪽에선 저렇게 보인다면 과연 어느 것을 참이라고 하겠느냐. 진짜란 진짜로 있는가, 참이란 참말로 있는가. 이런 질문들을 마구마구 던지지.

　그래서 장자의 눈으로 보면 예쁜 것과 추한 것, 긴 것과 짧은 것, 좋은것과 나쁜 것, 슬픈 것과 기쁜 것이 모두 참이기도 하고 동시에 가짜이기도 해. 예를 들면 인간의 눈으로야 미인 서시가 예뻐 보이지만 물고기가 봤을 때는 그렇지 않거든. 사람이 볼 때에는 하루라는 순간을 사는 곤충에 불과한 게 하루살이지만, 하루살이의 입장에서 보면 그 하루가 한평생이 되는 것이고, 수백 년을 사는 고목이 볼 때에는 사람이 하루살이나 다를 바가 없지. 내가 이 물건을 '이것이다'라고 한 순간 저 물건은 '저것'이 되지만, 이 물건과 저 물건이 원래부터 '이것'과 '저것'인 건 아니야. 삶과 죽음도 마찬가지야. 내가 태어나기 전이나 내가 죽은 다음에는 '나'라는 건 없지. 그러니까 나는 잠깐 사는 거야. 잠깐 사는 '나'와, '나'가 있지 않은 오랜 것, 그 가운데 어떤 게 진짜일까. 장자는 이렇게 자꾸만 뭐가 참이냐고 물어. 그리고 그 물음 끝에는 바로 앞서 말한 대로 세상 모든 게 참이 되는 순간이 오지. 억지로 구분하지 말고 모든 것을 그대로 받아들이는 사람이 되라는 거야. 그게 '참사람(진인眞人)'이야. 참사람이 볼 때 '참'이란 '가짜'를 짝으로 두지 않아. 가짜는 원래부터, 태어날 때부터 가짜로 나오는 게 아니야. 어느 날 진짜라는 게 툭 튀어나오면서 느닷없이 가짜가 생겨나는 거지. 그러니 굳이 말하자면 모든 건 처음부터 '참'인 거야.

누구의 참일까

우리는 옛날부터 진달래꽃을 '참꽃'이라고 불렀어. 참꽃이 있다는 말은 참꽃이 아닌 가짜 꽃들이 있다는 말이기도 해. 그런 꽃이 있느냐고? 물론 있지. 철쭉꽃이 그거야. 철쭉꽃은 '개꽃'이라는 별명으로 불렸어. 우리말에 '개'가 앞에 붙으면 모두 가짜, 나쁜 것, 이런 뜻이 되잖아? 진달래는 먹을 수 있는데, 철쭉꽃은 비슷하게 생겼지만 먹을 수 없어. 그래서 그런 고약한 이름이 붙은 거야. 철쭉꽃 입장에서 보면 얼마나 억울하겠어? 그저 진달래와 비슷하게 생긴 것뿐인데, 졸지에 '개꽃'이 되어버렸으니 말이야. 철쭉꽃이 생겨날 때부터 가짜 꽃일 리는 없잖아? 진달래를 참이라고 하는 순간 철쭉꽃은 가짜, 개가 된 거야. 뭐 이런……(아이코, 하마터면 뭐 이런 멍멍 같은 경우라고 할 뻔했네!). 그래서 진짜와 가짜는 실제로 있는 게 아니라 대부분은 우리가 제멋대로 만들어낸 허상일 뿐이라고 말하는 거야.

자, 이쯤 되니까 장자의 뜻을 눈치챌 수 있겠지? 진짜니 가짜니를 만들어내는 건 다름 아니라 바로 '나' 자신이야. 내가 내 입장에서, 내게 유리한 방향으로 판단해서 참과 거짓이란 이름표를 멋대로 붙인다는 거지. 그러니 내 입장이 바뀐다면, 내게 유리한 조건이 바뀐다면 다시 참과 거짓이 바뀌어버릴 테지? 상대는 그대로 변한 게 없는데 내가 붙이는 이름표만 바뀌는 셈이야. 참과 거짓은 결국 내가 뗐다 붙였다 하는 이름표에 불과하다는 말이야. 어떤 것의 진짜 얼굴(요걸 진면목이라고 하지.)을 보고 싶으면 내가 붙인 이름표부터 떼고, 다른 것과 비교하지 말고 그냥 그것 자체를 봐야 해. 가짜가 있어야만 비로소 진짜인 것처럼 보이는 것, 그러니까 멋대로 진짜와 가짜로 나눠서 억지로 진짜 자리에 앉힌 '가짜 진짜'들 말고, 가짜라는 짝 없이도 '참'인 것, 그것을 보라는 거야. 장자는 자기 앎에서 '참'을 찾아냈을까? 어쨌든 장자는 최고의 가짜 감별사였다는 점을 기억하자고.

장자의 말을 들어봐도 그렇고, 우리가 머리를 쥐어짜며 생각해봐도 그렇고, 나의 '앎'이 참이 되려면 무엇보다도 내가 나를 넘어서야 할 것 같아. 전체 속에 있는 내가, 나를 넘어서야 전체를 아우를 수 있게 될 테지. 우리는 나의 앎과 너의 앎이 다르지 않기를 바라. 나의 앎이 전체의 앎과 더불어 한결같아야 안심이 되지. 우리가 그렇게 서로 더불어 가질 수 있을 때 나와 너의 앎은 '참'이 되어가지. 나의 앎을 나만이 아니라 전체의 것으로 할 때 나의 앎은 참이라고 말할 수 있을 거야. 말은 이렇게 쉽게 하지만, 이게 얼마나 어려운 일이겠어? 내가 나를 넘어서야 한다는 말은, 내가 나 자신을 넘어서야 한다는 뜻이기도 하고, 전체인 양 위장하고 있는 수많은 다른 '나'들도 넘어서야 한다는 뜻이기도 하니까.

내가 나의 지렛대이자 걸림돌이라니!

우리의 삶을 지탱해나가게 하는 건 무엇일까? 어떤 의지일까? 어떤 힘일까? 생명의 의지, 본성, 본능, 이성, 아니면 초월의식, 아니면 신의 뜻? 오랜 세월 동안 많은 사람들이 알고 싶어 했던 문제지. 이 질문을 포기하는 건 불가능해. 왜냐하면 사는 걸 포기하는 것과 마찬가지기 때문이야. 사람은 누구나 잘 살고 싶어. 잘 산다는 건, 나 자신과 내가 속한 모두에게 좋은 방향으로, 옳은 방법으로 사는 것일 테고. 이걸 찾는 일을 포기할 순 없잖아? 앞서, 삶을 성찰할 수 있다는 건 사람의 훌륭한 재능이라고 했어. 재능이 있다면 꽃피워야겠지? 그러니 뭐든지 섣불리 판단하면 안 돼. 오히려 우리는 모든 삶의 순간순간마다 '참'을 합의해 나가야 해. 잊지 말자고.

문제는 '나'를 얼마나 믿을 수 있느냐, 하는 거야. 내가 누군가를 믿을 수 없다면, 당연히 '나'도 믿으면 안 돼. 내가 영철이와 합의할 수 없는 부분이 있을 때, 당연히 나 자신도 언제나 옳지는 않아. 영철이에게 그 자신을 뛰어넘을 수 없는 한계가 있다면, 당연히 나에게도 나 자신을 뛰어넘을 수 없는 한계가 있다는 걸 인정해야 해. 그런 개인차를 넘어서, 내 주관과 모두의 객관이 행복한 합의에 이르는 방법은 무엇일지를 우리는 언제나 생각해야 해. 그게 어떻게 살 것이냐에 대한 대답이니까.

아주 어렸을 때 나는 외국인을 볼 때마다 무엇보다도 그 여러 빛깔의 눈이 참 궁금했어. 갈색, 파라색, 회색, 보라색, 심지어 양쪽이 다른 색깔인 눈도 있더군. 그 눈으로 보는 사과와 내 까만 눈으로 보는 사과의 색깔이 같을까 하는 궁금증이 들었지. 그러다가 내가 보는 빨간색과 남이 보는 빨간색이 같을까 하는 의문도 들었고. 이 의문은 아직도 해결되지 않았어. 나는 남의 뇌 속에 들어가 볼 수 없기 때문이지. 그런데 그게 무슨 문제냐고? 어쨌든 일정한 파장을 모두 빨간색, 파란색이라고 같은 이름으로 부르고 있으니 문제될 게 없다, 이 말이지? 물론 그래. 그렇긴 한데, 그래도 궁금한 걸 어쩌겠어?

그 눈동자를 떠올릴 때마다 나는 나의 생각, 나의 판단에 대해 겸손해야 한다는 생각을 하곤 하지. 뭔가를 확신한다는 건 무척 어려운 일이야. 내가 보는 것과 남이 보는 것이 얼마든지 다를 수 있는데, 나는 같은 것이라고 착각할 수 있으니까 말이야, 소야, 개야. (어때. 빈틈을 노린 전광 석화 같은 말장난이지? 아니라고? 그럼 소장난, 개장난~!)

나는 나의 지렛대이자 걸림돌이야. 나는 나를 초월해서 세계 속으로 도약하게 하는 지렛대이자, 그걸 훼방 놓는 걸림돌이거든. 아주 애물단 지지. 나는 나의 의지는 믿지만 나의 실력은 믿지 않아(물론 시력도 믿지 않아.). 내게는 어떻게든 나와 나의 세상을 읽어내려는 의지가 있고, 그것에 근거해서 삶의 옳은 길을 찾아가려는 의지가 있어. 그런데 그 의지만 큼이나 실력도 되는지는 잘 모르겠어. 왜냐고? 기껏해야 나는 나거든. 흠, '기껏해야'라는 부사어가 영 마음에 들지 않는 친구들이 있군 그래. 그럼 '기껏해야'는 떼고 말할게. 그냥 나는 나거든. 내 머리의 한계, 내 감각의 한계, 나의 생물학적 한계. 그게 내가 참을 찾아가는 길목에서 방해를 하거든.

"내가 틀릴 수도 있기 때문에 나는 결코 내 믿음을 위해 죽지 않겠다."

　자기 생각이 절대로 옳다고 주장하는 인간이 숱한 세상에서, 러셀 아저씨의 요런 말씀은 참 인상적이지? 뭐지, 이 둔탁하고도 시끄러운 부부젤라 소리는? 호호, 내가 러셀 아저씨의 임팩트한 말씀을 워낙 좋아하긴 해. 좋아해도 너~무 좋아하지. 그렇다고 신도는 아니야. 신앙, 종교적 믿음, 그런 거 러셀 아저씨가 싫어했거든. 또, 또, 부부젤라 소리~!

　우리가 공부하는 이유는 '참'을 알기 위해서고, '참'이라는 게 참나무에 달린 열매든 우리가 손가락 걸고 하는 약속이든 그것을 찾아서 우리 삶의 지표로 삼으려고 하는 거야. 그런데 우리는 공부라는 일을 하는 데 있어서 우리 몸이 갖는 생물학적 한계(자기 편견을 만드는 여러 요인들, 예를 들면 개인의 경험, 성향 등도 포함해서)가 있다는 것도 알고 있어. 그 한계가 우리 앎을 방해하지 않게 하려면 한계에 대해 자세히 알고 있을 필요가 있지. 물론 어떤 학자들은 우리의 생물학적 한계 자체가 너무나 견고해서, 한순간도 그걸 뛰어넘는 생각을 할 수는 없다고 주장하기도 해. 우리가 순전히 자기의 자유의지로 생각하고 해답을 냈다고 하는 건 착각이고 환상이라는 거지. 단지 의식하지 못할 뿐, 우리의 생각은 자기의 생물학적 조건과 환경에 따른 결과물일 따름이다, 이거야. 내 멋대로 생각한다고 하지만, 실은 아주 복잡한 조건반사일 뿐이라는 말이지. 이렇게 생각해? 나의 생각이 내 자유의지에서 나온 건지, 그러니까 내 생각은 내가 만들어낸 나의 것인지 아닌지 참 궁금해. 오백 원 줄 테니까 누가 대답 좀 해주면 좋겠어. 다만 생물학적 한계에서 비롯되었든 아니든 나의 한계 때문에 나의 생각이 '참'을 만들어가는 여정에서 길을 잘못들 수 있기에, 나는 늘 앎에 대해 겸손하려고 해.

"진리는 영원 절대적인 게 아니다. 그걸 독점 소유할 권리가 철학자에게 있지 않다."

니체는 이렇게 일침을 날렸지만, 굳이 니체의 말이 아니더라도 누군가 진리를 독점한다는 건 어리석은 생각이야. 나 말고 다른 누군가가 나의 세계의 진리를 독점하고 있다면 그처럼 억울한 일도 없겠지만, '참'이란 언제나 만들어가고 있는 것이기에 누군가 독점하거나 소유한다는 게 의미 없지 않겠어?

세상은 한순간도 멈춰 있지 않고 꿈틀대며 변해왔어. 그게 역사야. 그것에 연동된 나의 앎도 마찬가지지. 겸손한 우주시민인 내가 어떻게 나의 앎이 나의 역사, 내 종족의 역사, 내 세상의 역사를 넘어서 만고불변의 참이라고 감히 말할 수 있겠어? 우리는 역사의 순간마다 앎의 진실이 수없이 뒤집혀온 것을 봤어. 인간 계급, 사회구조, 과학적 진실, 그 어떤 것도 고정된 건 없었지. 그러니 우리는 자기가 살고 있는 세상, 자기가 살고 있는 역사 속에서 매 순간마다 최선을 다해서 우리가 구성하는 '앎'이 '참'인지, '참'을 재는 잣대가 얼마나 보편적이고 공정한지 따져봐야 해. 모든 학문, 모든 생각을 동원해서, 두 눈 시퍼렇게 뜨고 따져보는 거지. 흠, 너무 비분강개해서 좀 멋쩍지?

　이런 생각을 가끔 해. 우리는 생물 진화의 과정에서 우연히 빛을 감지하는 신경이 발달해서 눈이 생겼어. 그 덕에 뭔가를 보게 되었지. 또 우연히 말이란 것도 할 수 있게 되었어. 앞으로도 멸종하지 않고 진화해가다 보면 또 우연히 지금 우리에게 없는 어떤 능력, 그러니까 미지의 초감각이 생길지도 몰라. 그렇게 되면 우리는 더 많은 걸 포착하고 더 많은 걸 느끼게 될 거야. 미지의 초감각이라니, 이게 무슨 베트남 고추 삼킨 혓바닥에 벌침 쏘는 소리냐고? 그게 지금 나와 무슨 상관이냐고? 글쎄, 뭐 꼭 상관은 없겠지만, 상상해보는 건 신나는 일 아니야? 상상해봐. 그때 우리의 생각은 어떨 것 같아? 지금 우리 능력으로는 상상할 수도 없는, 어떤 영역으로 확장되겠지? 와, 그렇게 되면 지금 우리가 모르는 어떤 질문들에 대해서 더 많은 대답을 얻을 수 있을 텐데……. 그때까지 되풀이해서 쭉 살 수 있는 무슨 방법이 없을까? 쓸데없는 소리는 그만 집어치우고 지금 생애나 잘 살 궁리부터 하라고? 그래, 맞아. 세환아, 네가 정답이야, 정답! 잘 살 궁리, 그거 하자고!

3

옳음으로 살아가기

'착한 삶'은 본성일까, 만들어질까

"차카게 살자"

코미디 영화를 보면 조직폭력배들이 팔뚝에 이렇게 새긴 장면이 나오지? 그 사람들이 말하는 착한 것과 우리가 저마다 생각하는 착한 게 같은지는 모르겠지만, 같았으면 좋겠어. 그래야 헛갈리지 않잖아. 각자 다른 국어사전을 갖고 말한다면 여간 골치 아픈 게 아니야.

우리가 '참'을 알고 싶어 한 건, 남들보다 내가 먼저 알아서 잘난 체하려는 게 아니었어. 이왕이면 내가 알아낸 게 '참'이면 좋겠고, 내가 모두의 '참'을 만들어가는 데 동참하면 좋겠어서 그런 거야. 내가 알고 싶은 것, 알아나가고 있는 것이 만약 거짓이고 헛것이라면 얼마나 허무하겠어? 허무에 멈추는 것만도 아니야. 어떻게 살아야 할 것인가의 판단까지도 흔들려버리거든. 다시 말하지만(이미 들었던 기억이 없기 때문에 '다시 말하지만'이라고 말하면 마치 지식고문 같다고? 저런. 나는 남의 고통에 심하게 공감하는 인간이라 그런 험한 짓은 못 한단다, 라고 할 줄 알았지? 흐흐, "다시 말하지만~!"), 우리는 '참'을 바탕으로 '옳음'을 찾아가기 때문이지. '참'이 '도'가 되는 순간이지 뭐야.

그런데 말이야, 대체 내 안의 무엇이 '참'을, '옳음'을 찾게 만드는 걸까? 꿀벌은 누가 가르치지 않아도 꿀의 냄새를 찾아 날지. 꿀이 꿀벌에게 좋은 거니까 꿀벌은 죽어라 하고 꿀을 모아. 그렇다면 '참'에도 누가 꿀을 발라놓은 게 틀림없어. 분명 영양가 있고 좋은 거라서 그 냄새가 달콤하게 느껴지는 거겠지. 우리는 본능적으로 우리에게 좋은 것을 찾으려고 해. 나의 삶에 유리한 것, 나의 생명에 도움이 되는 것을 좋아하지. 그런데 내가 나에게 좋은 걸 찾을 때, 어떻게 그것이 동시에 '참'을 바탕으로 한 옳은 게 될 수 있을까? 참이 아니면 옳은 것이 아니고, 옳은 게 아니면 좋은 것이 아니야, 이렇게 딱 잘라 말해도 괜찮을까? 참을 찾는 일은 결국엔 우리 삶에 유리하고 도움이 되는 '좋은' 일을 찾는 일이 된다고 말할 수 있을까? 이에 대해선 여러 의견이 있을 것 같아. 하지만 진짜 문제는 참을 찾아서 옳은 것을 가려내고, 그걸 바탕으로 좋은 삶을 살 수 있도록 만드는 나의 힘, 그 힘을 찾아야 하는 거야. 나와 우리 세상을 위해.

'옳음'을 찾는 우리의 능력이 어디서부터 나오는지에 대해 동서양의 철학자들은 아주 예전부터 여러 주장들을 폈어. 맹자는 우리가 본능적으로 '착함'을 좋은 것으로 알고 있다고 주장했지. 자연의 이치와 사람의 이치가 다르지 않다고 생각했기 때문이야. 《맹자》에는 사람의 본성에 대해 맹자가 고자告子와 나누는 얘기가 있어. 고자는, 물길을 동쪽으로 트면 물이 동쪽으로 흐르고, 물길을 서쪽으로 트면 물이 서쪽으로 흐르는 것처럼 사람의 본성은 원래 선善과 불선不善의 구분 없이 태어난다고 했지. 어떤 계기에 따라 착하게도 되고, 악하게도 된다는 말이야. 하지만 맹자는 인성이 착하다는 근거를 어린아이에게서 봤어.

"사람들이 배우지 않고도 잘할 수 있는 것은 '양능(良能, 타고난 능력)'이 있어서이고, 이성으로 따져보지 않고서도 아는 것은 '양지(良知, 타고난 지혜)'가 있어서다. 누구나 어린아이일 때에는 모두 제 어버이를 사랑할 줄 알고, 자라서는 제 형을 공경할 줄 안다. 어버이를 사랑하는 것은 어짊[인仁]이고, 어른 공경은 의로움인데, 이는 다른 게 아니라 온 천하에 보편적인 이치이다."

– 《맹자》 중에서

맹자는 더러워진 옷을 세탁하면 깨끗해지듯이 자신을 닦으면 누구나 본래의 착한 성품을 회복한다고 했어. 어때? 그런 것 같아? 맹자의 생각대로라면, 좋은 세상을 위해서는 성능 좋은 세탁기가 무엇보다 중요하지. 이에 비해 순자는 맹자 같은 유학자였지만, 맹자와 조금 다른 생각을 했어. 그는 이기심에 주목했거든. 사람은 이기심을 타고나고 그 때문에 본성은 '악'일 수밖에 없다고 말이야. 그냥 두면 세상은 더러운 싸움판이 되지. 그러니 좋은 세상을 위해서는 공정하고 단호한 규율이 필요하다는 거야. 세탁기 대신 지휘봉(감전 기능 추가된)이라는 말이지. 이로부터 시작된 인성론 논쟁은 오랜 세월을 두고 중국과 우리나라에서 치열하게 이어졌어.

특히 조선시대 유학자들 간에는 논쟁이 더욱 격렬했지. 사람의 본성이 '선'이냐 '악'이냐부터 시작해서, 선도 악도 없다, 선과 악이 뒤섞여 있다를 거쳐서, 사람의 본성과 짐승의 본성은 같으냐 다르냐, 그 둘이 같거나 다르다는 근거는 무엇이냐, 라는 논쟁이 벌어졌어. 그러다 사람의 본성 자체로 들어가서, 무엇이 본성이냐, 모든 사람이 다 갖고 있는 기본적인 성품과 사람마다 다른 성품의 차이는 무엇이냐 등으로 이어졌지. 이 논쟁은 본질적으로는 '세상을 어떻게 이해할 것인가'라는 형이상학적 생각이 그 바탕에 있기 때문에 더욱 치열할 수밖에 없었어. 곧 우리 눈앞에 보이는 현상은 개별적이고 변화무쌍한 자연계지만, 그 자연계를 움직이는 하늘의 이치가 있다는 생각에서 시작된 형이상학적 논쟁이있다는 말이야. 그런 이치가 따로 있느냐, 아니면 자연계 안에 분리할 수 없는 한몸으로 들어 있느냐, 이것에 대한 생각 차이가 사람의 본성을 어떻게 이해할 것이냐의 차이를 낳았지.

물론 서양철학사에서도 인간의 본성은 중요한 주제였어. 철학자마다 자신이 살았던 시대의 지식과 저마다의 개성 넘치는 사색을 바탕으로 여러 해석을 내놓았지. 인간은 신 안에 있어서 선도 악도 없지만, 자신이 갖고 있는 인간 생명의 힘인 코나투스의 작용에 따라 선하게 나타날 수도, 악하게 나타날 수도 있다고 말한 이는 스피노자(Baruch Spinoza, 1632~1677)야. 로크(John Locke, 1632~1704)는 인간 정신은 백지 상태로 태어난다고 했어. 다른 모든 사물과 마찬가지로 인간도 오직 개별 개체로서만 있는 거지 '인간'이라는 보편적 속성 같은 건 없다고 주장한 홉스(Thomas Hobbes, 1588~1679)도 있지. 홉스는 자연 상태의 인간은 자기보존이라는 자연적 욕구에 따라 움직이는 생물이고, 그 욕구 자체는 선악 판단의 대상이 아니라고 했어. 비록 이기적으로 보일지라도 말이야. 그래서 그것을 그냥 놔두면 세상은 만인의 만인에 대한 투쟁장이 된다는 거지. 그런 세상 속의 개인은 홉스의 야멸찬 말대로 '고독하고 비천하며 추악하고 야만스럽고 거친' 삶을 살게 될 거야. 슬프지? 차라리 인간 정신은 백지 상태로 태어난다는 로크의 말이 좀 더 위안이 되려나? 그렇다면 이성은 감정의 노예라는 흄(David Hume, 1711~1776)의 말은 위안이 되지 않겠네? 흄은 옳고 그름은 인간 개인의 개별적인 경험에 따른 판단일 뿐이라고 했거든. 인간에 대해 매정한 분석들을 내놓는 걸 보니, 그는 인간들이 꾸려가는 세상이 몹시도 걱정스러웠나 봐. 그나저나 이들이 조선으로 와서 이황이나 이이나 기대승 같은 쟁쟁한 철학자들과 논쟁을 벌였더라면 얼마나 대단했을까? 아마 그때부터 세계 철학사는 동서 간 구별이 없어졌을 텐데 말이야.

머리카락을 돌돌 말고 있는 민지야, 뭔가 할 말이 있는 모양이네. 뭐지? 아, 도대체 사람의 본성이 착하든 말든 무슨 상관이냐고? 실제로 살아가는 사람은 일생 동안 착하기도 하다가 악하기도 하다가 그러는 거 아니냐고? 지금은 착했다가 나중에 나쁠 수도 있고, 여기서는 착한 일이 저기서는 나쁜 일일 수도 있고, 이 사람에게는 착한 일이 저 사람에게는 나쁜 일일 수도 있다, 이거지? 그래, 맞는 말이야. 다들 그렇게 생각하지? '지킬 박사와 하이드 씨'처럼, 선량한 사람과 난폭한 사람은 완전히 다른 사람 같지만 실은 한 사람의 극단적인 양면일 수도 있거든.

이렇게 본성에 관한 질문은 곧 인간 본질에 관한 질문이기도 해. 나 자신을 알아가는 질문의 하나라는 거지. 게다가 그 질문은 근본적으로 홀로 있는, '개체로서의 나'가 아니라 나와 같은 종인 인간들과 함께 사는, '전체 집단 속의 나'에 대한 질문이거든. 왜냐하면 본성의 문제는 달리 말하면 '어떻게 사느냐'의 문제가 되고, 사람은 사회를 구성해서 '더불어' 사는 존재니까 말이야. 그래서 '나는 누구인가?'와 '어떻게 살 것인가?'는 아주아주 중요한 질문이야.

아, 날카로운 성우가 입을 열었네. 뭐라고? 선악이란 원래부터 있는 게 아니라 사회 속에서 상황에 따라 정해지는 게 아니냐고? 어이쿠, 이거 아주 본질적인 물음을 던지는구나. 민지나 성우의 의문에 대해서 다들 어떻게 생각해? 자~알 생각한다고? 그래, 신중하게 잘 생각해보자고. 실은 이쯤 되면 우리는 혼란스럽거든. 선과 악을 말할 때 행동의 선과 악을 말할 것이냐 의도의 선과 악을 말할 것이냐, 이것부터 고민이 잖아? 그리고 근본적으로는 성우가 말한 것처럼 선과 악을 누가 어떻게 나누는지도 모르겠고.

마음의 출발지가 다른

예를 들어보자. '이기적' 씨는 평소에 매우 이기적이야. 자기한테만 좋은 선택을 할뿐더러 그 결과 남에게 피해가 가도 눈도 깜짝하지 않아. 그런데 '이기적' 씨는 나이가 세 살이야. 그는 악한가?

'나단독' 씨는 남에게 피해 가는 일은 되도록 하지 않아. 오히려 남을 돕는 일도 많이 해서 평판이 좋은 편이지. 그런데 '나단독' 씨는 매일 밤마다 자기 방에서 자기가 미워하는 사람들 사진을 걸어놓고 저주를 퍼부어. 병들어라, 망해라, 실패해라, 시련당해라……. 저주가 효험이 있었는지 없었는지는 잘 모르겠지만 그는 진심으로 저주를 해. 그는 악한가?

'오직나' 씨는 매일 이렇게 빌어. '남을 위하는 착한 인간이 되게 해주세요.' 착한 일도 많이 해서 그 일을 블로그에 올리고, 사람들의 칭찬을 들으면 너무 황홀해하지. 그래서 자꾸자꾸 좋은 일을 찾아서 해. 그런데 어느 날 누군가 이렇게 말했어. "오직나 씨, 진정으로 남을 위하려면, 착한 인간이 되게 해주세요라고 빌 게 아니라, 저 사람이 잘되게 해주세요, 저 사람에게 좋은 일이 생기게 해주세요, 저 사람이 착하고 좋은 사람이 되었으면 좋겠어요라고 빌어야 하는 거죠. 지금 당신은 남을 돕는 착한 심성을 갖고 있는 것처럼 보이고 싶어 할 뿐이에요. 자신을 돋보이게 하려고 남을 이용하는 거죠." 이 말대로라면 '오직나' 씨는 가짜로 착한 건가?

그런데 무엇을 가지고 착한 행동, 나쁜 행동, 착한 생각, 나쁜 생각을 구분하지? 착한 행동, 착한 생각이 있고, 악한 행동, 악한 생각이 있어. 남에게 도움이 되는 행동이나 생각은 착한 거고, 남에게 피해가 가는 행동이나 생각은 나쁜 거겠지. 착하다 나쁘다는 그가 한 행동과 생각을 보고 남들이 내리는 판단이야. 어떤 사람의 행동과 생각이 그가 속한 집단에 미치는 영향을 생각해서 선하다, 악하다 판단하지. 그렇다면 '시기와 질투'는 어때? 남이 나보다 더 많이 갖고 있고 더 많은 걸 누리고 더 많은 사랑과 주목을 받으면, 어때? 부럽지? 착하게 말하면 부러운 거고, 솔직하게 말하면 시기와 질투가 뭉게뭉게 피어오르지. 가끔은 시기와 질투의 화신이 되기도 해. 부러우면 지는 기다, 이러면서 이를 악물기도 하고. 그런데 시기와 질투는 착한 생각인가, 나쁜 생각인가, 아니면 이도 저도 아닌가? 시기와 질투까지는 이도 저도 아닌데, 그걸 직접 행동으로 옮기면 그때부턴 나쁜 건가? 그런데 시기와 질투는 자신을 황폐하게 만들지. 괴롭잖아? 괴로운 나머지 좌절하기도 하고, 남이 가진 걸 빼앗고 싶기도 하고. 이렇게 자신을 망가뜨리는 측면이 있으면 명백하게 나쁜 생각, 나쁜 일이라고 할 수 있을 거 같아. 그럼 자기를 망가뜨리지 않고, 자기에게 보탬이 된다면 좋은 일일까?

가끔, 아니 그보다는 좀 더 자주 이런 생각을 할 때가 있어. 세상에는 행복을 느끼는 데 두 종류의 사람이 있는 것 같다는 생각이지. 어떻게 해서든 남들보다 내가 더 많이 가졌을 때 행복한 사람과, 내가 가진 것을 남들도 가졌을 때 행복한 사람 말이야. 전우익이라는 할아버지가 일찍이 책 제목을 이렇게 지으셨지. "혼자만 잘 살믄 무슨 재민겨." 어때? 혼자서만 잘 살아야 재밌다고 느끼는 사람이 많을까, 혼자서만 잘 살면 재미없다고 느끼는 사람이 많을까? 그 마음은 어디서 오는 걸까? 왜 사람마다 마음의 출발지부터가 다른 것 같을까?

나에게 이익이 된다면 남에게 피해가 가든 말든 상관하지 않겠다고 한다면 '이기적'이라는 말을 듣겠지? 그럼 이기적인 건 악한 생각, 악한 행동일까? 그런데 단순히 이기적인 생각이 먼저 든다는 것만 갖고서 선과 악을 판단할 수 있을까? 실제로 모든 생명체는 자기 생존과 보존에 유리한 방향으로 행동하는 이기적인 존재라고 주장하는 사람이 많아. 이타적인 행동처럼 보이는 것도, 실은 남을 도움으로써 자기 생존에 유리한 환경이 만들어진다는 걸 알기 때문이라고 말하지. 이런 관점에서 보자면 선과 악은 어디에서 나오는 건지 잘 모르겠네. 일단 성실하지만 좀 지루한 칸트(Immanuel Kant, 1724~1804) 아저씨의 묘비명을 잠깐 읽어 보자. 뭔가 도움 되는 말이 있을지도 모르니까.

> "그칠 줄 모르는 놀라움과 경외감으로 내 마음을 가득 채워 주는 두 가지가 있다. 그것은 별이 총총 박힌 하늘과 내 마음속에 있는 도덕 법칙이다."

신에 대한 경건한 믿음을 간직했던 칸트는 별이 총총 박힌 하늘을 보면서 착하게 사는 게 신의 뜻에 따르는 길이라고 생각했을지도 몰라. 하늘에는 별이, 내 마음속에는 도덕법칙이라는 보석이 총총 박혀 있다는 거지. 칸트에게는 인간 본성이 선하냐 악하냐, 그 근원은 어디냐에 대한 질문보다는 마음속 도덕법칙을 어떻게 발현하느냐가 더욱 중요했어. 어떻게 도덕적으로 행동할 수 있을까, 어떻게 선을 실천할 수 있을까에 관심이 있었지. 그의 원칙은 이거였어.

> "항상 네 행동의 준칙이 보편적 법칙으로 정립될 수 있게 행동하라."

그래그래. 칸트 아저씨, 쉽게 말하는 재주는 없었던 모양이야. 이 말은, 네가 하는 행동을 온 세상 사람들이 똑같이 한다고 했을 때 세상이 괜찮을지 스스로에게 묻고, 그에 따라 행동하라는 거야. 아주 간단한 기준이지? 네가 옆 사람을 때렸어. 온 세상 사람들이 다 옆 사람을 때려. 그런 세상이 괜찮을 것 같으면 그대로 해라, 이거지. 안 괜찮을 것 같다고? 그럼 그 행동은 '선'이 아니야. 다시, 네가 옆 사람을 따뜻하게 안아 줬어. 온 세상 사람들이 다 옆 사람을 안아줘. 괜찮다면 이게 도덕적으로 옳은 거니까 부지런히 용감하게 실천해. 흐흐, 형욱이 얼굴이 벌게졌네. 그게 그렇게 좋으냐? 부끄러워 마라, 나도 좋다~.

인간 본성을 따지는 이유는 다른 게 아니야. 인간이 실제로 세상에 도움 되는 일을 할 수 있는 존재인가, 세상에 도움 되는 삶이라는 합의를 어떻게 이룰 수 있는가, 이런 질문에 대한 답을 구하려고 하기 때문이야. 그러니 '나는 어떤 인간인가'를 봤으면 다음엔 당연히 '나는 어떻게 살 것인가'로 생각을 몰아가야 하는 거지. 그건 '나는 무슨 일을 하면서 살 것인가'라는 말이기도 해.

그래, 뭐, 굳이 그렇게 거창하게까지 생각하며 살고 싶지 않은 사람도 있겠지. 남의 고통까지 내가 감당해가면서 애쓰며 살 필요가 없다고 생각하는 사람도 있을 거야. 나는 그저 내가 잘 사는 쪽에 몰두하겠다, 다른 사람도 각자 자기가 잘 사는 쪽에 몰두하면 될 것 아니냐, 그럼 저절로 세상은 잘 굴러갈 거다, 이렇게 생각할 수도 있겠지. 그런데 어쩌냐,

'내가 잘 사는 법'이라는 매뉴얼 속에는 이 세상의 진보에 기여함, 남들과 더불어 살아감, 이런 항목들이 있으니 말이야. 그런 게 왜 거기 들어 있느냐고? 그 대답은 우리 유전자 안에 있을지도 몰라.

우리 사촌, 보노보

인간이 단일 종이라는 생물학적 불리함에도 불구하고 아직 멸종하지 않고 꿋꿋이 버티면서 독특한 문화를 이루고 살 수 있는 이유는 뭘까? 물론 가장 큰 이유는 우리의 노력과 무관하게, 아직 우리에게 멸종의 위기 상황이 우연히도 닥치지 않았기 때문이겠지. 그렇지만 우리 자신의 이유도 있지 않을까? 한 개체가 전체의 생존에 도움이 되는 방식으로 살아온 삶의 스타일, 그것이 생물학적 불리함을 넘어서게 만든 건 아닐까? 곧 우리는 스스로 인류 전체의 생존에 도움이 되는 삶의 방식을 선택하곤 한다는 거지. 그런 선택을 하게 만드는 능력이 이미 우리 유전자 안에 새겨져 있는 것 같다는 말이야. 우리의 이성, 우리의 감성에 이미 그런 능력이 새겨져 있는 것 같아. 에그, 답답해, 그게 뭔지 빨리 말하라고? 좋아, 그 후보는, 두둥, 남의 즐거움과 고통에 공감하는 능력, 또 나의 삶을 전체의 삶 속에서 실현하고 싶어 하는 욕구, 이런 거 아닐까?

《공감의 시대》를 쓴 제러미 리프킨Jeremy Rifkin은 '호모엠파티쿠스

(Homo empathicus, 공감하는 인간)'라는 용어를 사용하면서, 인간의 본성은 '공감하는 존재'라고 했어. 그리고 그것은 개체와 집단의 생존에 유리하게 진화한 능력이라고 주장했지. 남의 처지에 공감하는 건 보통의 인간을 초월한 능력자가 아니더라도, 누구나 갖고 있는 능력이라는 거야. 어때? 격하게 공감하니? 기독교의 사랑, 불교의 자비, 유교의 어짊〔인仁〕 같은, 모든 종교의 가르침은 바로 공감하는 능력에 바탕을 두고 있어. 남의 아픔과 슬픔, 기쁨과 즐거움을 공감하는 마음이 곧 사랑이고 자비며 어짊이지. 이런 게 우리 본성에 있기 때문에 우리는 때때로 벼락같이 사랑에 빠져버리는 건가 봐. 계산하거나 예측하거나 준비하지도 않았는데 울컥 치미는 자비에 휩싸이고, 너그럽고 어진 마음이 파도처럼 넘실거리고, 뜨거운 사랑에 푹 빠져버리지. 마음이 벌이는 일이라서, 본성에서 시작된 일이라서 어쩔 수 없는 거야.

실제로 인간의 뇌세포에는 거울뉴런이라는 게 있어. 다른 사람의 동작을 보고 자기 자신이 같은 동작을 했을 때와 마찬가지로 활성화하는 뇌의 신경세포야. 남이 마구 웃는 걸 보고 있으면 나도 괜히 웃음이 나잖아? 남이 슬퍼 우는 걸 보면 나도 공연히 눈물이 핑 돌지. 마치 거울을 보고 흉내를 내듯이 감정이 복사되는 거야. 반대로 내가 어떤 일에 괴롭다면, 똑같은 일이 그에게 닥쳤을 때 그도 나와 똑같이 괴로울 거라고 짐작하기도 해. 그런데 이런 세포는 사람뿐 아니라 원숭이에게도 있다니까 원숭이 앞에서는 표정을 가다듬어야 해. 내 마음을 들킬 수 있거든. 물론 개인차가 있어. 쉽게 공감하는 사람이 있는가 하면 참을성이 넘쳐서 좀체 남의 감정 따위에 흔들리지 않는 사람도 있지. 어진 사람이 있으면 모진 사람도 있는 법이잖아. 그렇다면 모진 사람보다는 어진 사람이 많은 사회가 집단의 생존에 더 유리하지 않을까? 우리 유전자는 이미 그걸 알고 있어.

원숭이 얘기가 나온 김에 우리의 사촌에 관한 얘기를 또 하나 해보자. 인간 안의 폭력성 같은 게 우리 내면 어디에서부터 있는 건지 궁금한 사람도 있겠지? 어떤 끔찍한 사건들을 볼 때마다 인간의 잔인함은 어디서부터 오는 걸까를 생각하지. 어떤 사람들은 원숭이의 행동을 조사해서 인간성의 근원을 찾아보기도 했어. 원숭이에게 우리 본성의 오래된 원형이 남아 있을 거라는 생각에서야. 원숭이 가운데 침팬지는 알려진 대로 폭력적이고 권력투쟁도 심해. 그래서 침팬지를 보면 우리 인간성 안에 폭력적이거나 권력투쟁적인 본성이 있구나 하고 생각하게 만들지. 영장류 연구에 평생을 바친 제인 구달Jane Goodall 같은 학자도 "침팬지는 어두운 면을 갖고 있는데, 그런 점에서 인간과 훨씬 많이 닮았다"고 했어. 그렇다고 치면 공동체 간 조화를 이루고 평화로운 관계를 이루며 사는 건 뼈를 깎는 자기 극복 과정이 필요하다는 생각이 들지? 그런데 보노보에 대한 연구가 알려지면서 인간 내면에 평화와 조화를 추구하는 본성도 같이 들어 있다는 생각을 하게 되었어.

보노보는 하는 짓도 인간을 무척 많이 닮았어. 그런데 애들은 타고난 평화주의자야. 사랑만이 살 길이다, 사랑밖엔 난 몰라, 이런 애들이지. 하루 종일 서로를 쓰다듬고 껴안는 데 시간을 보내. 그것도 꽤 심하게, 꽤 야하게! 원숭이 세계건 인간 세계건 먹을 게 생기면 서로 많이 차지하려고 긴장하는 게 보통이잖아? 싸움이란 결국 더 많이 차지하려는 욕심, 그것에서 시작되는 거니까 말이야. 그런데 보노보들은 먹을 게 생기면 우선 그걸 나누기 전에 서로를 마구 끌어안고 주무른대. 그런 식으로 긴장을 푸는 거지. 그러고 나서 먹을 걸 나누는 거야. 이미 접촉으로 마음들이 말랑말랑하게 풀어져 있으니까 음식을 나눌 때도 조화롭겠지? 그러니까 우리 인간의 내면에는 침팬지류의 투쟁적 본성과 보노보류의 평화주의, 이 두 가지가 모두 들어 있다는 말이야. 어때? 자신들의 내면에는 침팬지가 더 많은지, 보노보가 더 많은지 한번 들여다봐. 나? 글쎄, 어느 쪽인 것 같아?

이처럼 인간의 본성에 대해 많은 이야기들이 있지만, 중요한 건 이거야. '나'는 이미 내 세상에 포함되어 있고 내 세상의 운행에 참여하고 있으니, 어떡하든 지금 내 세상을 좋은 곳으로 만들 이유가 있어. 더욱 겸손한 태도로 말하자면, 세상을 나 때문에 망치지 않아야 한다는 소망이야(누군가가 망치는 걸 막지 않는다면, 그 또한 나 때문에 망치는 일이 되겠지?). 그런 의미에서 러셀 아저씨(그래그래, 미안해. 잊을 만하면 이 아저씨 말을 들먹이지? 워낙 폼 나는 말을 많이 해버렸는 걸 어쩌겠어.)가 했던 비장한 말을 떠올리지 않을 수 없군.

"우리는 당당하게 서서 이 세상을 진술하게 직시해야 한다. 있는 힘을 다해 세상을 최선의 상태로 만들어야 한다. (중략) 좋은 세상을 위해서는 지식과 온정과 용기가 필요하다."*

'여기는 어디인가'에서 시작된 질문은, '나는 누구일까'를 거쳐서 이제 '어떻게 살 것인가'로 왔어. 우리는 나름대로 결론을 내기도 하고, 새로운 질문을 만들기도 했을 테지만, 중요한 건 어쨌든 결국 '세상과 나는 어떤 관계를 맺어나갈 것이냐'로 우리의 생각이 몰려간다는 사실이야. 잘 모르겠다고? 그럼 어서어서 양 떼 몰듯 생각을 몰아봐. 나의 세상 속에는 나를 포함해서 수십억의 사람이 있고, 수없이 많은 생명체가 있고, 지구가 있고, 은하계가 있고, 우주가 있으니 말이야. 나는 이 속에서 '올바르고, 좋고, 잘' 사는 삶의 길을 찾아나가는 인간이거든. 이제 그 삶의 길을 함께 걸어볼까? 이전에도 없었고 이후에도 없을 유일한, 내 이름 걸고 사는 유일한 '나'들!

---

* 버트런드 러셀, 이순희 옮김, 《나는 무엇을 보았는가》, 비아북, 2011년.

· 6부 ·

내가 있어 행복한 세상

1

모두가
행복한 세상을 위해

이 세상 어디에도 없는 나라

누구나 한 번쯤은 행복한 이상향, 낙원, 유토피아를 상상해보잖아? 그래, 정혜야, 네가 생각하는 낙원은 어떤 곳이야? 평화로운 섬, 야자수 그늘에 누웠다가 배고프면 물고기 잡아먹고, 배부르면 잠자고, 아이들이 저녁놀을 배경으로 바닷가에서 뛰놀고……. 흠, 여행사 광고를 너무 많이 본 거 아니니? 평생을 휴가로 보낼 생각이야? 성우는? 아, 컴퓨터와 먹을 것만 무한 제공된다면 그곳이 낙원이라고? 어이쿠야, 진심은 아니겠지? 싸이는 사랑하는 사람하고 있으면 그곳이 낙원이라고 노래

했지만, 그리고 나는 그 노래를 참 좋아하지만, 현실이 어디 그렇겠어? 마음만은 낙원이겠지. 그것도 아주 잠깐 동안, 사랑 호르몬이 지배하는 잠깐 동안만. 잔인하다고? 진실이 잔인한 건지, 사랑이 잔인한 건지 잘 모르겠다만, 아무튼.

서양에서는 플라톤이 그의 저서 《국가》에서 최고의 나라, 이상 국가를 말했어. 플라톤은 세상 사람을 여러 유형으로 나눠서 제일 아래에 노동자, 농민 등 보통 사람들, 그 위에 국가를 지키는 전사 계급, 제일 위에 국가를 다스리는 수호자 계급을 뒀는데, 철학자야말로 가장 훌륭한 수호자가 된다고 주장했어. 철학자는 현명하고 이성적이기 때문이라지(글쎄다, 그땐 그랬나?). 플라톤은 통제가 잘된 사회를 만들기 위해서는 사유재산제를 없애서 개인의 욕심을 채우지 못하게 해야 한다, 아이는 낳자마자 부모에게서 떨어뜨려 국가가 맡아 길러야 한다고까지 했어. 아이들이 자신의 친부모를 몰라야 모든 어른을 똑같이 어버이로 대한다는 거야. 과격하지? 이후로도 많은 철학자, 사상가가 나름대로 숱한 이상 국가, 이상 사회를 상상 속에서 만들었어. 그중 누구의 이상 사회도 실현된 적은 없지만, 자기의 이상향을 구체적으로 그려보는 건 의미 있는 일이겠지?

동양의 유학 사상 속에도 이상향이 있어. 유학에서 말하는 이상향은 '대동大同'의 세계야. 대동이란 유학의 경전인 《예기禮記》에 나오는 이상 사회를 말하는데, 모든 사람이 평등한 신분과 재물의 공평한 분배, 인류의 완전한 구현을 이룬 사회야. 잠깐 들어볼까?

"큰 도가 이뤄지면 세상은 공적公的인 것이 된다. (중략) 그러므로 사람들은 자기의 어버이만을 친애하거나 자기 자식만을 친애하지 않게 된다. 노인은 안락하게 삶을 마칠 수 있고, 젊은이는 제 힘을 충분히 쓸 수 있으며 어린이는 안전하게 자랄 수 있고, 홀아비와 과부, 고아, 자식 없는 외로운 사람, 병든 사람까지 모두 보살핌을 받게 된다. (중략) 재물을 버리지도 않지만, 그렇다고 반드시 제 것으로 차지하려고도 하지 않으며, 힘이 있다고 해서 자신만을 위하지도 않는다. (중략) 그래서 바깥문을 닫지 않고 안심하고 생활한다. 이를 대동이라고 한다."

이 글의 핵심은, 모든 것을 사유화하지 않고 공공의 공유물로 다 같이 누린다는 거지. 다 같이 일하고 다 같이 공동으로 소유하며, 노동능력이 없는 이들은 사회가 다 같이 부양하고, 모든 사람을 동등하게 사랑해서 도둑질 등의 범죄가 일어나지 않는 평화로운 세상이야. 전쟁도 일어나지 않지. 어때? 플라톤의 이상 국가와 비교해보니 신기하게 닮았지? 양쪽 다 재물도 사랑도 공공의 소유로 하는 이상 국가를 꿈꿨거든.

유학에서는 이상향인 대동 세계에 못 미치는 '소강小康'의 세계도 말했어. 소강 세계란 글자 그대로 풀이하면 '조금(겨우) 편안한 세상'이야.

대동 세계에는 미치지 못하지만 훌륭한 통치자(군자)가 잘 다스려서 예의가 갖춰진 사회로 이끌어가기 때문에 작은 평화가 이뤄지는 사회지. 대동 세계가 무너지면 사람마다 제 부모, 제 아이만을 사랑해. 재물도 권력도 자기 소유로 하고 그것을 대물림하지. 그래서 사회가 혼탁해졌을 때 훌륭한 통치자가 나와서 강력한 도덕의 힘으로 다스리는 거야. 이런 사회를 소강의 세계라고 해. 그러니까 이상향은 대동 세계지만 현실적으로는 소강 세계를 목표로 한다고 말할 수 있겠지.

동서양을 막론하고 이상향을 생각할 때 비슷한 세상을 꿈꾸는 걸 보면, 사람의 생각이란 역시 비슷한 거로구나 하게 돼. 공평한 분배가 이뤄지는 사회, 고르게 나누고 고르게 일하고 고르게 대접받고 고르게 사랑하는 평등하고 평화로운 사회……. '더 위너 테익스 잇 올The winner takes it all', 곧 이기는 자가 모두 차지하는 세상, 승자독식의 비정한 경쟁 사회는 정확히 이상향에 반대되는 이상한 사회지. 이상향이 언제까지나 꿈만 꾸는 대상인지, 아니면 현실에서 이룰 수 있는 세상인지 우리도 생각해보자고. 그런데 어쩐지 슬퍼지지 않아? 글쎄, 나도 잘 모르겠다만, 뭔가 꿈을 꾼다는 말을 하고 있으면 아련한 슬픔 같은 게 스멀스멀 기어 나오는 것 같으니, 무슨 조화인지 모르겠어.

행복이란 무엇인가?

조선시대나 삼국시대로 돌아가서 살고 싶은 사람, 있어? 오, 지효가 손을 들었네? 그런데 지효야, 네가 돌아가긴 했는데 비단옷 입고 있는 양반이 아니라 노비의 딸이라면 어떻겠어? 그보다 더 거슬러 올라가서 타는 듯한 햇살을 받으며 피라미드 돌을 나르고 있는 이집트 노예라면? 그럼 미래로 가서 살고 싶은 사람은 있니? 모두 그렇다고? 좋아, 어느날 눈이 다섯 개 달린 외계인이 자기 행성과 이웃 행성을 두루 여행시켜주고는 다시 데려다 주겠다고 제안해. 그런데 여행 후 돌아오는 곳은백 년 뒤의 지구야. 물론 여러분이 아는 사람들은 하나도 없지. 갈래, 말래? 손을 들까 말까 망설이는군. 나? 흠, 어떨 것 같아?

지금 이 세상은 어때, 맘에 들어? 뭐, 사실 맘에 들건 말건 우리가 선택할 수 있는 게 아니니까 정 붙이고 살아야지 어쩌겠어? 과거보다 많이 나아졌다는 사람도 있을 테고, 과거만 못하다는 사람도 있을 테고, 달라진 게 없다는 사람도 있겠지. 각자 자기가 세상을 보는 관점에 따라다른 판단을 내릴 거야. 우리는 과학기술의 혜택을 점점 많이 보게 되었고, 더 많이 소통할 수 있게 되었고, 더 많은 걸 알게 되었어. 예전엔 못하거나 꿈도 못 꿨던 일 가운데 지금은 할 수 있게 된 게 많고, 앞으로도누릴 수 있는 일의 범위는 점점 확장되겠지. 무엇보다도 신분 계급이 사라지고 있고 인권이 신장되고 있는 건 분명 좋은 일이야. 세상이 나아지고 있다고 생각하는 근기겠지. 반면에 과학기술의 위험성이 커가고 살기가 번잡스러워지고 있으니까 그게 그거라는 얘기들도 해.

무엇이 잘 사는 것인가, 그 기준도 가지각색이라 쉽게 잴 수 있는 게 아니겠지? 많은 것을 누리지 못하고 사는데도 행복해하는 사람들이 있는가 하면 넘치도록 누리며 살면서도 전혀 행복해하지 않는 사람도 있으니까 말이야. '이스털린의 역설'이라는 게 있어. 물질적 욕구가 어느 정도 충족되면, 소득이 아무리 늘어도 행복이 같이 늘어나는 건 아니라는 얘기지. 행복해지는 물질적 기본의 위아래 기준이란 건 있긴 있나 봐. 너무 없으면 분명 행복할 수 없을 거야. 생존 자체가 위협받을 정도라면 행복할 수 없지. 그렇지만 많으면 많을수록 비례해서 행복해지는 것도 아니라잖아. 행복에 둔감할 만큼 많이 가져보질 않아서 이 부분에 대해서는 자신 있게 말하기가 좀 그러네. 누구, 많~이 가진 사람 있으면 말 좀 해봐. 언제부터 행복 가속도가 멈췄는지 말이야.

무엇이 행복을 만들까? 행복의 목록에는 무엇이 들어갈까? 사람들은 나름대로 여러 가지 목록을 들지. 건강, 일정한 소득, 자유 시간, 심리적 평화, '나는 누구인가'라는 정체성이 갖는 안정감, 친구, 즐거운 가정, 안전한 공동체 안에서의 역할, 불안하지 않은 미래, 평등한 권리……. 또 무엇이 있을까?

행복한 국가를 선정할 때 늘 상위에 드는 나라가 부탄이야. 히말라야 산중의 아주 작은 나라인데, 경제적으로는 가난한 나라에 들어. 원래는 왕국이었다가 왕 스스로 권력을 내려놓아서 2008년부터 입헌군주국이 되었는데, 국민총행복(GNH:Gross National Happiness)지수라는 지표를 만들어서 국민의 행복 정도를 측정하고 있지. 이 국민행복지수는, 지속 가능하고 공정한 사회 및 경제적 발전도, 문화 보존 및 진흥, 환경 보호, 굿 거버넌스(활기찬 민주주의를 뜻해.) 등 네 축을 중심으로 아홉 개 부문 33개 지표로 이뤄져 있어. 2년에 한 번씩 이 지수를 측정해서 부족한 부분이 나오면 그쪽을 보완하는 정책을 편다네. 그 결과 국민의 행복 수준은 최고가 되었지. 유럽신경제재단이 '2010년 나라별 행복지수'를 조사한 결과 부탄은 세계 1위의 행복국가야. 국민 100명 중 97명이 "나는 지금 행복하다"고 대답했대. 그 나라 사람들은 경제성장의 수치가 행복의 정도를 재지 못한다는 걸 일찌감치 알아차렸어. 부탄의 관리들은 작은 나라라서 가능한 것 아니냐는 질문을 가장 많이 받는데, 그때마다 이렇게 말했다고 해. "왜 그렇게 생각하느냐, 해보면 될 것 아니냐."

거짓말하는 사회

우리보고 행복지표를 만들라고 하면 어떤 지표가 그려질까? 우리나라는 국민소득, 국민총생산 등의 수치로만 보면 꽤 잘사는 나라에 든대. 그렇지만 우리는 오이시디OECD 가입국 가운데 최고의 자살률, 복지 수

준 최하위권에 머물러 있어. 우리나라처럼 빈부 격차가 큰 사회에서는 경쟁에서 이기면 이기는 것만큼 차지하는 게 많아지고, 경쟁에서 지면 손에 쥐는 게 아무것도 없지. 그러니 일단 차지한 게 많은 사람들한테는 경쟁하면 할수록 더욱 좋아. 경쟁 자체에서 유리한 여러 가지 무기들을 이미 갖고 있거든. 실력을 쌓을 수 있는 기회, 굴릴 수 있는 자금, 이긴 자들의 협조 체제 등 말이야. 그러니 끝없이 경쟁을 부추기는 거야. 경쟁이 능률적이고 정당한 거라면서 교활한 악마처럼 속삭이지. 얼마나 가혹하고, 탐욕스럽고, 거짓된 사회야?

경쟁에서 이긴 사람이 너무 많은 것을 차지하는 우리 사회의 구조가 가혹한 경쟁에 목매게 만들어. 홀로 차지하는 사람이 많다 보니 경쟁에서 이기려는 사람들은 시기와 질투로 스스로를 채찍질하고, 경쟁에서 지거나 포기하는 사람들은 분노와 절망 속으로 빠져들고 말아. 이런 것들을 생각하면 우울하지. 누군가는 이런 말도 하더라고. 우리 사회는 집단우울증에 빠져 있는지도 모른다고 말이야. 그래, 재민이가 주먹을 불끈 쥐며 외치는구나, 바꿔보는 거야! 그래, 믿어. 그렇다면 우리 사회뿐만 아니라 세계 전체를 봐주길 바라. 인류 사회 전체의 행복을 보자는 말이야. 우리가 잘 살기 위해서 남의 나라 몫을 빼앗거나, 남의 어려움을 모른 체하거나 할 수는 없으니까 말이야. 우리는 그렇게 염치없이 살고 싶진 않잖아?

행복한 세상의 조건들

세상에서 우리 마음을 불편하게 만드는 게 뭘까? 무엇이 제일 마음에 걸려? 우리를 슬프게 만드는 것이 무엇이지? 그래, 경원이가 몹시 슬픈 표정으로 말하는군, 세상의 빈곤과 불평등이라고. 박애 정신이 빛나는 대답이야. 고개를 끄덕이는 친구들이 많은 걸 보니 다들 같은 생각을 한 거야? 빈곤과 불평등에 허덕이는 사람이 많은 게 무엇보다도 가장 슬프니? 그래, 민준이가 보탤 게 있다는군. 개인의 자유가 억압받는 것에 화가 난다, 이거지? 물론이야! 개인의 자유는 인류 역사가 생긴 이래로 나날이 확대되어 왔다고 볼 수 있지. 예전에 신분 사회에서는 신분에 따라서 자유를 누릴 수 있는 정도가 달랐으니까 말이야. 남의 자유를 침범하지 않으면서 개인의 자유를 확장시켜나가는 일은 인권의 확장과 함께 가는 일이야. 혜리는, 평화가 깨진 곳에 사는 사람을 생각하면 몹시 슬프다고 하는군. 내 생각도 그래.

그런데 안타깝게도 아직 절대 빈곤에 허덕이는 나라도 많고, 인종차별, 빈부 격차, 성차별 등 불평등에 고통받는 사람들도 많아. 지역감정이건 종교 갈등이건 인종이나 계급 갈등이건 분쟁 지역에 사는 사람들이 당하는 고통도 엄청나지. 실제로 우리 가운데 그런 고통을 겪고 있는 사람도 있을 거야. 누군가의 눈에 눈물이 떨어지면 우리 마음도 몹시 아프겠지? 옛날 드라마 명대사가 생각나는군. "아프냐? 나도 아프다."

앗, 명근이가 고개를 흔들며 신경질을 내고 있어. '누군가가 고통을 겪고 있다고 해서 무조건 나도 같이 아파야 하는 건 아니다, 이 말이지? 상대가 착하지 않을 때는 도와줄 마음이 결코 생기지 않는다, 이 말이로군. 어떻게들 생각해? 글쎄……, 남을 도와줄 때, 남의 고통에 연민을 가질 때, 상대가 착해 보여서 그렇게 하는 걸까? 달리 말하면 상대가 내 편이라고 생각될 때만? 그럼, 상대가 내 편이 아니고, 나한테 착하게 굴지도 않는다면, 그래, 적이라면 상대에게 동정할 필요도 없는 거야? 적의 고통은 그냥 구경거리인 거야? 그런 거야? 나 역시 상대에게는 착한 상대가 아닐 텐데? 착한 사람만, 내 편만 보듬으며 살자고 하면, 그건 천국이 아니라 지옥일 것 같다는 생각이 드는데? 바로 여기, 지금, 곳곳에 그런 지옥이 지뢰처럼 널려 있잖아.

행복에서 한 사람 빼자고?

'좋은 사회'를 말할 때 참고할 게 있어. '좋음'이란 건 단순히 양으로 잴수 없다는 점이지. 그러니까 여러 가지 '좋음'의 총합계, 또는 평균치, 그것을 목표로 할 수는 없지 않을까, 그런 생각이 들어. 평균치를 놓고서 50만큼 좋은 사회, 80만큼 좋은 사회, 이렇게 말할 수 없다는 거지. 왜냐고? 아까도 말했잖아. 통계적으로는 국민평균소득이 2만 달러인 사회라고 해도 그 사회 구성원 가운데 2만 달러를 누릴 수 있는 사람의 숫자는 매우 적을 수 있다고 말이야. 누군가는 너무 많이 누리고 누군가는 너무 적게 누리는데도 통계는 소득 2만 달러 사회라고 말하거든. 이런 걸 방지하는 통계학적 장치들이 또 있긴 해도 우리는 자칫 숫자의 환상에 속기 쉬워. 한 사람이 100을 벌고 하나도 못 버는 사람이 아홉 명 있어도 평균치는 10이고, 열 사람이 10씩 벌어도 평균치는 10이겠지? 열 사람이 10씩 버는 사회를 평등 수치가 높은 사회라고 해. 평균치에 해당하는 사람이 많은 사회이지. 이렇게 생각하니까 뭔가 명확하게 보이는 게 있지?

이를테면 한 사람이 200을 벌고 나머지 아홉 명이 하나도 못 벌어서 평균치가 20인 나라와, 열 사람이 10씩 벌어서 평균치가 10인 나라가 있어. 어느 나라 사람들이 행복할까? 뭐 그렇게 바보 같은 질문을 하느냐고? 그러게, 당연히 평균 10인 나라겠지(물론 200 버는 한 사람은 그렇게 생각하지 않겠지만.). 그러니 좋은 세상을 말하려면 무엇보다도 불평등이 심하지 않은가부터 살펴야 해. 그래서 사회학자들은(협동조합 운동을 외치는 스테파노 자마니Stefano Zamagni 같은 이들 말이야.) '공동선'이라는 개념에 주목하고 있어. 성장만이 목표인 사회에서는 그 사회 전체가 획득한 '좋음'의 총합계, 그 양에만 주목해. 그러나 진짜 주목해야 하는 건 사회 구성원 '공동'의 '좋음'이라는 거지. 앞의 것은 단순한 합계, 총량(전체선, 토털 굿total good)을 목표로 삼고, 뒤의 것은 부족한 곳, 뒤처진 곳이 없는

'공동선(코민 굿common good)'을 목표로 삼아. 뭐 '좋음'이 많고, 또 그걸 골고루 누리면 제일 좋겠지.

성장에 몰두하는 사회에서는 많이 성장하다 보면 저절로 그 혜택이 모두에게 돌아갈 거라고 생각하는 사람들이 많아. 과연 그럴까? 많은 개발도상국의 예에서도 봤듯이, 특히 우리나라의 예에서도 봤듯이 저절로 모두에게 혜택이 돌아간다는 건 환상이야. 앞서 리비히의 '최소량의 법칙'을 말한 적이 있는데, 기억나? 길이가 다른 나무 판 여럿을 이어서 물통을 만들었는데, 결국 그 통에 담길 수 있는 물의 양은 가장 긴 나무 판이 아니라 가장 짧은 나무 판의 높이에 달려 있다는 거지. 그것에 비유해보면, 어느 한 곳의 행복이 적으면 그곳으로 그 사회의 행복이 줄줄 새어 나간다고 말할 수 있겠지?

얼마 전에 마이클 샌델Michael Sandel 교수의 강의가 우리나라에서 열풍을 몰고 왔었어. 그는 《정의란 무엇인가》라는 책에서 이런 문제를 냈지.

"어떤 도시가 있는데, 한 아이가 희생하면 도시 전체가 행복해질 수 있는 상황에 놓였어. 곧 도시민 전체의 행복이 한 아이의 희생이라는 조건에 걸려 있다는 거지. 자, 나라면 그 조건을 도덕적으로 받아들일 수 있을까."

내가 그 도시의 시민이라면? 내가 그 아이를 알고 있는 이웃이라면? 내가 그 아이의 가족이라면? 내가 그 아이라면? 그래, 여러분의 대답을 알고 있어. 다들 '안 된다'겠지. 한 아이의 희생이 전제가 되어야 한다면 차라리 나의 행복을 잠시 미루겠다, 이렇게들 생각했지? 그럼 질문을 바꿔보자. 한 아이가 희생해서 도시 전체가 불행을 벗어날 수 있다면? 이번에는 답이 금방 나오지 않네? 왜 그렇지?

실제로 이런 일은 인류의 역사에서 아주 흔하게 벌어졌어. 누군가를 희생시켜서 내 불행을 피하겠다는 마음의 뿌리가 깊다는 말이야. 화산의 노여움을 가라앉힌다고 어린 소녀를 제물로 바치기도 했고, 동굴 속 구렁이 신을 달랜다고 처녀를 들여보내기도 했고, 파도를 재운다고 소녀를 수장시키기도 했지. (왜 하필 희생자가 여자였지?) 화가 나지? 혜민이가 화난 표정으로 말하는군. 한 아이의 희생으로 불행을 벗어날 수 있는 경우가 실제로 있기나 했냐고? 그런 생각 자체가 어리석은 거라고? 그래, 그 말도 맞아. 그런데 만약 있다면 말이야, 만약 그럴 수 있다면 어때? 그래도 싫다고? 왜? 아, 나는 소중하니까요, 라고? 그래그래. 훌륭해. 누구도 개인에게 우리 전체를 위해 네 목숨이 필요하니까 내놓아라 하고 요구할 수는 없어. 그 요구를 들어줄 필요도 없고. 물론 내 목숨을 압도하는 어떤 숭고한 가치를 위해 내 삶을 내던지는 게 필요하다고 판단되면 그 신념에 따라 행동하면 돼. 하지만 어지간한 통찰력이 아니라면 그런 판단은 쉽게 내릴 수 없어. 그 점을 항상 명심해야 해. 다만 어떤 조직이나 집단에서 한 개인에게 전체를 위해 너를 희생해라 하는 건 옳지 않아. 사람의 가치라는 건 n분의 1이 아니라 언제나 온전한 1이니까 말이지.

우리는 다수가 옳을 거라는 막연한 착각을 할 때가 많아. 다수니까 옳은 거다, 또는 옳으니까 다수일 거다, 이런 착각 말이야. 그래서 언제나 다수의 편에 서는 게 좋다고 생각하는 사람들도 많지. 그런 생각이 '다수를 위한 소수의 희생'을 당연한 것으로 받아들이게 강요해. 99가 항상 옳을까? 99가 그르고 1이 옳았던 적도 많거든. 다수의 횡포에 밀린 1은 얼마나 억울했겠어? 우리는 누구나 99에 밀리는 1이 될 수 있어. 온전한 하나인 내가 100분의 1 취급을 받는 거지. 모두가 온전한 하나의 무게를 찾는 게 바로 공정함이야. 공정하다는 건 뭘까? 게 편드는 가재가 없는 거야. '사회'라는 곳은 사람이 사람을 대접하며 살아가는 모임이니, 너도 나도 제대로 된 대접을 공평하게 받아야 하지. 공정한 대접을 찾고 합의하는 일이 사회를 꾸려나가는 데 가장 중요한 일이야. 그래서 까마득한 옛날부터 하늘의 뜻은, 자연의 뜻은 공평무사하다(누구에게나 고르고 사사로움이 없다)고 강조해온 거겠지?

그러니까 전체의 이익을 위해서 일부는 희생하거나 무시되어도 좋다는 생각을 하는 건 옳지 않아. 내 몫을 지키려고, 또는 더 많이 차지하려고 남의 고통에 슬쩍 눈을 감아버려도 옳지 않지. 남을 무시하고 내 몫만 챙기는 사람들을 우리는 '염치없는 인간'이라고 손가락질해. 부끄러워하는 마음이 없는 거지. 공자님이 그랬거든. 제대로 돌아가지 않는 세상 속에서 저 혼자만 부귀하다면 그건 영 재수 없는 놈이라고~.

"나라에 도가 있을 때에는 가난하고 천한 것이 부끄럽지만, 나라에 도가 없을 때에는 부귀한 것이 부끄러운 일이다."

– 《논어》 중에서

   혼자만 잘 살고, 그런 걸 재미있다 여기고 행복하다 여기면 염치없는 인간이 되는 거야. 그런데 문제는 염치없는 인간들은 염치가 없기 때문에 끝까지 자기가 염치없는 줄을 모른다는 거지. 그러니 어쩌겠어? 염치 있는 우리들이 '쎄'져야지. 염치와 개념, 철학적 성찰, 인문학적 교양, 강렬한 열정과 아름다운 희망, 굳센 용기라는 무기를 장착하고는 막돼먹은 세상에 맞서야 하는 거지.

2

세상을 바꾸는
나의 힘

현실을 바꾸지 않으면 어찌 학문이랴

우리는 이제 용감함에 대해 말해야 해. 생각도 용감해야 하고 행동도 용감해야 하지. 예전에 인기를 끌었던 드라마에서 주인공이 입버릇처럼 묻는 질문이 있었거든. "이게 최선이에요?" 나도 그 질문을 종종 던져보곤 해. 이게 최선이에요? 조상님들, 이게 최선이에요? 지금 이 세상이 당신들이 최선을 다해 만든 거, 맞아요? 그러다 어이쿠야, 미래에 우리 후손들이 나에게 똑같은 질문을 던지겠구나 생각하면 걱정이 앞서. 그래, 이왕이면 이 세상이 내가 있는 동안 좀 더 행복해지면 좋겠지? 내 세상이 행복하지 않은데, 어떻게 내가 행복하겠어? 괴팍한 철학자 쇼펜하우어(Arthur Schopenhauer, 1788~1860)에게는 세상이 비극이었어. 여성혐오론자였던(그래서 세상이 비극이라고 생각했나?) 그는 "우리는 최악의 세계에 살고 있다"고 우울한 목소리로 말했지. 반대로 라이프니츠 같은 철학자는 신의 솜씨를 굳게 믿었어. 그는 "우리는 최상의 세계에 살고 있다"고 했지. 한 사람은 인간이 세상을 엉망진창으로 만들었다고 믿었고, 또 한 사람은 신의 완벽한 조화를 믿었던 거야.

그렇지만 무엇보다도 우린 이 시점에서 아까 얘기했던 마르크스의 말을 다시 새겨볼 필요가 있을 것 같아. 곧 "철학자들은 서로 다른 관점에서 세상을 해석할 뿐이지만, 정작 중요한 것은 세상을 변화시키는 것이다"라는 명쾌한 정리지. 세상이 최상이냐 최악이냐를 따지는 것보다는, 내가 얼마나 좋은 쪽으로 이끌 수 있느냐가 더 중요하다는 거야. 왜냐하면 어떤 시대 어떤 곳의 세상에서건 힘겹게 살아가는 사람이 있기 마련이고, 그에게 세상은 최악의 것일 테니까 말이야. 누군가에게는 최상이지만, 누군가에게는 최악인 세상, 그곳에 내가 있어. 이래도 아무것도 하지 않고 그냥 살 테야? 조선시대 철학자 율곡 이이(李珥, 1536~1584)도 이렇게 말했지.

"현실을 바꾸지 않으면 어찌 학문이랴!"

멋있지? 이 세상을 한 발자국이라도 나은 곳으로 만들려는 간절함 같은 게 읽히지 않아? 우리가 사는 이 세상은 완결되어버린 것이 아니고, 한순간도 변화를 멈춘 적이 없어. 이 세상의 모든 구성원이 자기만의 방식으로 세상을 구성해나가고 있거든. 개도, 소도, 뱀도, 지렁이도, 그리고 고래도. 그리고 누구보다도 인간도 이 세상 속에서 자신을 구성해나가면서 동시에 이 세상도 구성해나가지. 그러니 내가 만드는 것만큼 세상은 바뀔 거야. 지금 이 세상이 맘에 들지 않는다면 당장 세상 바꾸기에 참여할 궁리부터 해야지.

민준아, 왜 한숨을 쉬는 거야? 너의 한숨에 가벼운 영혼의 소유자인 나는 그만 날아가버릴 것 같아. 그래, 너무 거창한 일이라서 도저히 엄두가 나지 않는다고? 어쨌든 중요한 건 '뭔가를 하는' 거야. 일생을 무척 열심히 살다 간 스콧 니어링 얘기를 한 번 더 해볼게. 그는 자서전에 이런 글을 남겼지.

> "나는 인생을 즐기거나 다른 사람의 노동으로 의지해 살아가기 위해 태어난 게 아니다. 내가 이 땅에 온 것은 일을 하기 위해, 그것도 있는 힘을 다해 힘닿는 데까지 열심히 일하기 위해서이다."*

---

* 스콧 니어링, 김라합 옮김, 《스콧 니어링 자서전》, 실천문학사, 2000년.

"어떤 뜻에서 사람은 지구에서 사는 존재 가운데 가장 강하다. 사람이 많은 생명체가 살고 죽는 일을 결정할 수 있다는 사실이 그 힘을 상징한다. 그러므로 더 강한 존재인 사람은 온갖 생명체의 복지를 책임 맡은 이가 되어야 한다. 책임 맡은 사람들이 그러하듯이 사람은 자기의 복지보다 자기가 맡고 있는 생명체들의 안녕을 앞세워야 한다."*

그는 자신뿐 아니라, 이웃 사람뿐 아니라, 모든 사람뿐 아니라, 온갖 생명체의 복지를 책임 맡았대. 그리고 책임 맡은 사람은 자기보다는 맡고 있는 존재들의 안녕을 우선해야 한대. 대단하지? 이렇게까지 성실하기란 쉽지 않겠지. 니어링은 "사회를 고치려는 마음은 사람의 본성이라서 영원히 꺼지지 않는다"고 했어. 열등감이 든다고? 에이~, 우리를 열등감에 빠뜨리는 건 우리 능력이 부족해서가 아니라 대개는 단지 우리가 게으르기 때문이야. 과연 우리가 움직인 만큼 세상이 변할까, 의심스럽다고? 글쎄, 분명한 건 움직이지 않으면 아무것도 달라지지 않는다는 사실이지. 이름이 알려지지 않았을 뿐 역사의 수레바퀴를 돌리는 데 굵은 땀방울을 흘린 분이 어디 한둘이었겠어? 뭐라, 셋이었다고? 승훈아, 낙타 눈썹으로 마당 쓰는 어처구니없는 개그를 날리다니, 이건 필시 네

*   스콧 니어링, 이수영 옮김, 《그대로 갈 것인가 되돌아갈 것인가》, 보리, 2004년.

두뇌 회로가 과열되었다는 증표니라……. 동시에 우리의 이야기를 어서 마무리해야 한다는 강력한 암시이기도 하겠군.

세상은 저절로 좋아지지 않는다

어쨌든 세상을 변화시키려고 했던 분들이 입을 모아 하는 말이, 우리 사는 세상은 저절로 좋아지지 않는다, 이거야. 달리 말하면 우리 사는 세상의 모든 '나쁨'은 저절로 없어지지 않는다는 말이기도 하지. 이 순간에도 세상의 어느 한편에는 굶어서, 치료받지 못해서 죽어가는 사람들이 있어. 국가권력이나 폐습의 폭력에 희생되는 사람도 있고, 차별과 불평등에 고통받는 사람도 있어. 우리는 사람들이 누려야 할 자유와 권리를 내가 누리지 못하면 분노해야 하고, 내가 누리는 자유와 권리를 누군가 누리지 못할 때도 똑같이 분노해야 해. 그래야 세상은 모두에게 좋은 곳으로 바뀌어갈 거라는 희망을 품게 되지. 분노와 희망은 세상을 바꿀 용기와 열정을 일으키는 연료인 셈이야. 세계인권선언문을 기초한 인물이면서, 평생을 사회운동가로 산 스테판 에셀(Stéphane Hessel, 1917~2013)은 이렇게 말했어.

"나는 여러분 모두가, 한 사람 한 사람이, 자기 나름대로 분노의 동기를 갖기 바란다. 이건 소중한 일이다. 내가 나치즘에 분노했듯이 여러분이 뭔가에 분노한다면, 그때 우리는 힘 있는 투사, 참여하는 투사가 된다. 이럴 때 우리는 역사의 흐름에 합류하게 되며, 역사의 이 도도한 흐름은 우리들 각자의 노력에 힘입어 면면히 이어질 것이다. 이 강물은 더 큰 정의, 더 큰 자유의 방향으로 흘러간다. 여기서 자유란 닭장 속의 여우가 제멋대로 누리는 무제한의 자유가 아니다. 1948년 세계인권선언이 구체적으로 실천 방안까지 명시한 이 권리는 보편적인 것이다. 만약 여러분이 어느 누구라도 이 권리를 제대로 누리지 못하고 있는 사람을 만나거든, 부디 그의 편을 들어주고, 그가 그 권리를 찾을 수 있도록 도움을 주라."*

그러니 우리는 할 일이 많아. 나와 세상의 어디가 아픈가도 찾아내야 하고, 무엇이 좋은 방향인가도 알아야 하고, 역사의 수레바퀴를 굴릴 체력과 실력, 열정도 키워야 하고, 드높이 소리치고 멀리 가는 노래를 부를 용기도 있어야 해. 세상을 보는 눈, 자기 삶을 성찰하는 이성, 아름다운 열정을 두루 갖추고 용감히 나서야 해. 우리가 자기 삶의 최선의 방향을 찾아서 선택해가는 이 위대한 '자유', 이것을 확장해나가는 저마다의 길 위에서 용감히 떨치고 일어서야 한다는 거지. 느끼는 일도, 찾는 일도,

---

* 스테판 에셀, 임희근 옮김, 《분노하라》, 돌베개, 2011년.

외치고 나서는 일도 모두 나의 일, 너의 일, 우리의 일이야. 제 일에 눈감는 건 비겁한 일이고, 내가 나에게 비겁한 것처럼 서글픈 일은 없을 거야. 그렇지?

내가 모처럼 웅변 조로 말하는데, 아직도 망설이는 사람이 있네? 내가 세상을 위해 무엇을 할 수 있을까, 나는 그렇게 거창한 일은 못 하겠어, 내가 뭘 한다고 해서 세상이 뭐 그렇게 많이 바뀌겠어, 난 큰 말썽 피우지 않고 그저 사소한 내 삶을 즐기며 조용히 살다 갈래, 라고 입을 삐죽거리는 친구에게 우공 할아버지 이야기를 들려줄게.

예전에 우공이라는 노인이 있었대. 그 노인은 아흔 살이나 먹었는데, 그가 사는 집 앞에는 사방 칠백 리에 높이가 만 길이나 되는 높은 산이 두 개나 있었어. 그 바람에 어딜 가려면 산을 피해 먼 길을 돌아야 했지. 어느 날 우공이 식구들을 모아놓고 두 산을 옮기자고 하자 식구들은 그러자고 했지. 삼태기에 산에서 파낸 흙과 돌을 한 번 싣고 멀리 발해까지 가서 버리고 오니까 한 계절이 지나가. 이웃 사람이 공연히 헛수고하지 말라며 비웃었겠지? 그러자 우공은 도리어 이웃에게 이렇게 말했지. "자네 생각이야말로 고루해. 내가 죽으면 내 아들이 하겠지. 내 아들은 손자를 낳고, 그 손자는 또 아들을 낳고 해서 이 일은 대대로 이어질 테지만, 산은 그동안 높아질 리가 없잖아?"

이 얘기의 결말은 어떻게 될 것 같아? 노인의 미련한 계획은 결국 실패했을 거라고? 아니야. 하늘이 감동한 나머지 두 산을 옮겨줬다는 걸로 이야기가 끝나. 그래, 산을 옮기는 것보다는 산 건너편으로 이사를 가는 게 훨씬 나았겠지만, 그랬다면 이 재미난 얘기는 생겨나지 않았겠지? 명심해, 어쨌든 중요한 건 '뭔가를 하는' 거야. 내가 세상에서 뭔가 할 일이 있다는 게 중요해.

나와 우주의 사랑 이야기

이제 다시 우주 얘기를 해야 할 때야. 마무리가 되어간다는 뜻이지. 우주로 시작한 얘기가 우주로 끝나가니까, 뭐랄까, 참으로 수미쌍관하는 아름다운 구성이지? 실없는 소리, 그만하고 마무리나 하라고? 까짓것, 그러지 뭐.

지금 이 세상은 내 우주야. 내가 살아 숨 쉬고 보고 걷고 있기 때문에 내 우주인 거야. 내 사랑하는 누군가가 죽었을 때, 나는 그의 우주가 그 순간 사라진 걸 봤어. 대신 내 세상 속에 그의 흔적이 남아 있다는 걸 알았지. 내가 사라지면 인류의 역사 속에 나의 흔적이 남겠지만, 나의 우주는 나와 함께 사라질 거야. 감수성 풍부한 우리 동욱아, 내가 무슨 말을 했다고 눈물을 그렁그렁 달고 있는 거니? 아, 하품을 했을 뿐이라

고? 수줍어하긴~. 그래, 그 눈물의 의미를 우리 모두 알고 있어. '내가 사라지고 나면 무엇이 남을까?'

내가 바라보고 있기 때문에 이 우주가 있는 것이고, 내가 사라지면 이 우주도 사라지고 만다고, 발라드풍으로 노래할 수는 있지만, 그렇다고 치면 이 우주는 환상이었던 거야? 백 년 동안 내가 꾸는 꿈이라는 거야? 그리고 그 꿈마저도 내가 사라지면 같이 사라진다는 말이야?

무엇이 진실로 있는 것이고, 무엇이 사라지는 걸까? 우주는 138억 년 동안 '있어' 왔다는데, 그 시간을 뺀 나머지 '영원' 속에서는 사라지는 걸까? 그러면 138억 년의 우리 역사는, 그 속의 사연들은 다 어디로 사라지는 걸까? 그래그래, 내가 좀 울적해. 동욱이의 눈물을 보니까 나도 그만 울적해졌어. 공감 과잉 인간이잖아, 내가. 흐뭇한 영화 〈나의 가족 나의 도시〉의 마지막 장면에는 이런 대사가 흘러.

'우리가 누구냐고 묻자 지혜로운 사람이 이렇게 대답했다. 우리는 우리 앞에 벌어진 모든 것이며, 우리 전에 일어난 모든 것이며, 우리 눈앞에 벌어진 모든 것이며, 우리에게 일어난 모든 것이다. 우린 우리에게 영향을 미친 모든 사람이자 물건이거나, 역으로 그것에 우리 존재가 영향을 준 것으로, 우리가 더는 존재하지 않을 때 일어나는 모든 것이다. 그리고 그 모든 것은 우리가 존재하지 않았다면 결코 일어나지 않았을 것이다.'

나는 이 마지막 말이 참 좋아. "그리고 그 모든 것은 우리가 존재하지 않았다면 결코 일어나지 않았을 것이다." 잘은 모르겠지만 뭔가 위안이 되지 않니? 그래, 잘 기억해두자고. 나는 나의 우주와 한몸이라서 나의 우주에 대해 책임이 있거든. 맞아, 내 한 몸으로 책임지기에 좀 벅차긴 해. 그래도 어쩌겠어? 나의 우주는 나하고 사랑에 빠져버린 것 같은데 말이야.

우리 각자의 세상으로

안녕

내가 세상에 대한 책임을 지는 일을 해야 하는 건, 이 일이 남의 일이 아니고 나의 일이기 때문이야. 내가 나를 만들어가는 일이기 때문이지. 이 세상은 곧 나의 세상이라서, 나는 이 세상에 속해 있으면서 동시에 이 세상이 나에게 속해 있기도 하지. 그러니까 내가 이 세상을 구성해나가는 일은 곧 내가 나를 구성해나가는 일이 되는 거야.

이게 '나'라는 존재의 우주적 의미잖아. 내가 살아 있는 백여 년의 시간 동안 이 세계는, 내게는 나의 존재와 동급인 나의 세상이라고 해도 되겠지. 그렇다고 해서 이 세상에 오직 나의 삶만이 의미 있고, '너'는 허깨비 같은 존재다, 이렇게 말하려는 건 아니야. 이 세상은 수많은 '나들', 그러니까 복수의 '나들'이 힘께 살고 있는 곳이고, 그 '니들'이 저마다 삶의 이야기를 엮어가는 곳이 아니겠어?

지금 내가 숨 쉬고 내가 바라보고 있는 이 우주는 고맙게도 나의 것이야. 이 우주는 내가 눈을 뜬 순간 나의 것이 되었고, 내가 숨을 쉴 때마다 변해갈 거야. 그러니까 내가 살아 있는 동안은 한껏 나의 이 우주와 나의 세상에 대해 좋은 일을 좀 해보자. 내가 살아 있는 동안 내가 만들어가는 것만큼 세상이 변해갈 테니까, 이왕이면 잘해보자고. 나의 세상 속에서 나의 시간인 백 년 치만큼 내가, 네가, 우리가 서로 살기 좋은 곳을 상상하고, 꿈꾸고, 계획하고, 실천해나가는 거야. 너의 세상 속 너와 나와 우리도 그렇게 하자고. 시공간을 차지한 동안 나는 나에게, 그리고 너에게, 우리 모두에게, 서로에게 좋은 일을 해주는 '좋은 존재'가 되어주자, 이 말이지!

또 안녕

모두 머리칼 쥐어뜯으며 열심히 생각해줘서 고마워. 이제 우리의 수업을 정리할 시간이 되었군. 흠, 뭐 이렇게까지 환호작약, 기뻐 날뛰시다니, 섭섭……하다고 말할 줄 알았지? 천만에! 만남이 있으면 헤어짐도 있는 법! 모두 각자의 세상 속으로 뛰어 들어가는 모습을 보는 즐거움이 기다리고 있거든! 그래도 이 몸은 워낙 따뜻한 심성의 소유자이신지라 냉정히 돌아서지는 못하겠고, 선물로 《주역》의 마지막 괘를 소개하면서 수업을 마치려고 해.

주역의 마지막 괘 바로 전에 오는 괘의 이름은 '기제旣濟'괘야. 모든 게 다 정리되어 '끝을 맺었다'는 의미를 갖지. 의미로만 보면 이 괘가 마지막 순번이어야 할 텐데 마지막 괘가 따로 있어. 그것은 '미제未濟'괘야. '아직 끝나지 않았다'는 의미지. '끝났다'가 끝이 아니라 '아직 끝나지 않았다'가 끝인 이유, 그게 뭘까? 물론, 각자 생각하자고. 그럼 이제 우리는, 안녕.

빼먹지 말아야 할 인사

먼 곳에 있는 친구를 만나고 싶어. 아직까지 우리는 이 우주 어디에서도 우리처럼 자기 삶의 터전과 자기 삶의 시간에 대해 깊은 생각에 빠지고, 우리와 비슷하기도 하고 다르기도 한 자기 세계의 이야기를 전해줄 지구 너머의 친구를 만나지 못했어. 그 친구를 만나면 우리가 스스로 구성해나가야 할 우리 삶의 이야기가 더 넓어지겠지. 그 순간을 열렬히 기대해. 왜냐하면 우리는 지구인이면서 우주시민이니까. 아, 참. 말이 나왔으니 말인데, 이 방을 나갈 때 우주시민증 찾아가는 거 잊지 마~!

철학의 시작

초판 1쇄 인쇄일 2014년 9월 10일
초판 2쇄 발행일 2018년 11월 6일

지은이 | 김종옥

발행인 | 박재호
기획·편집 | 박재호
종이 | 세종페이퍼
인쇄·제본 | 한영문화사
출력 | ㈜상지피앤아이

발행처 | 생각학교 Thinking School
출판신고 | 제 25100-2011-321호(2011년 12월 16일)
주소 | 서울시 마포구 양화로 156(동교동) LG팰리스 1207호
전화 | 02-334-7932 팩스 | 02-334-7933
전자우편 | 3347932@gmail.com

ⓒ 김종옥 2014 (저작권자와 맺은 특약에 따라 검인은 생략합니다)
ISBN 979-11-85035-11-6 43100

만든 사람들
교정 | 엄송연
디자인 | 이석운, 김미연